新天理図書館善本叢書 6

定家筆古記録

八木書店

例　言

一、本叢書は、天理大学附属天理図書館が所蔵する古典籍から善本を選んで編成し、高精細カラー版影印によって刊行するものである。

一、本叢書の第一期は、国史・古記録篇として、全六巻に編成する。

一、本巻は『定家筆古記録』として、『兵範記』『射遺事』『外記政』『釈奠次第』『御産七夜次第』『定家小本』『古今名所』『石清水八幡宮権別当田中宗清願文案』の八点を収めた。

一、巻子装のものについては、各頁の柱に書名・内容等を略記し、料紙の紙数を各紙右端の下欄に表示した。

一、冊子形態のものについては、各頁の柱に書名・内容等を略記し、墨付丁数と表裏の略称（オ・ウ）を表示した。

一、解題は石田実洋氏（宮内庁書陵部編修課主任研究官）が執筆し、本巻の末尾に収載する。

平成二十七年八月

天理大学附属天理図書館

目次

兵範記

2103
イ105

仁安二年

七月

一日甲子、天晴、参院、蔵人兵衛尉平親長〻以宣
旨、給中務叙爵、依春宮大夫執申、付光能奏
聞、有許容、即召仰下、内覧吹挙文、勘給事由
下源大納言書札
法勝寺御八講僧名、春宮大夫家請定、註文中院了、
被定者、二口講師・聴衆各十口也、僧名大略記
勝講勤仕輩、去月中旬申定、下知寺家也、

二日乙丑、天晴、自暁例持病更発、依之召浄土寺僧
令加持、今日此説有効験、故被法性寺御坊
辰巳角造立一間四面檜皮葺堂、安置阿弥陀
丈六一躰、被供養、導師三井寺別当法印公舜
辛、衆僧廿口、春宮大夫以下十余人参入
云々、今朝辰刻廿有度給、午刻帰、供始申
刻、供養法華経、導師被奉、金泥五部、申一刻
白布五結、供養米十石、衆僧各被物一重
布施一、供米一石、取之、但春宮大夫不取之、
参和門院二位殿、右大臣有加布施、各導師

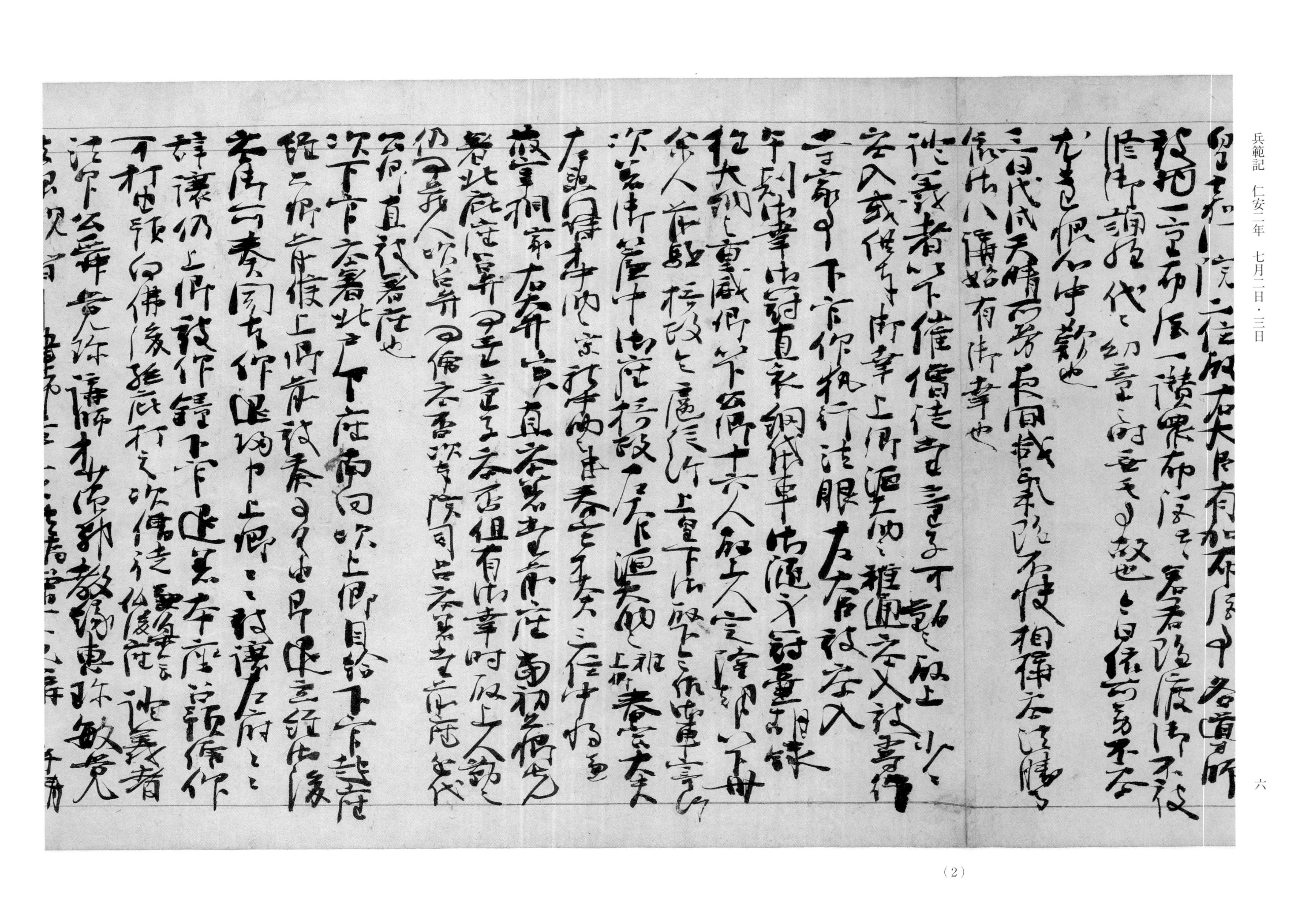

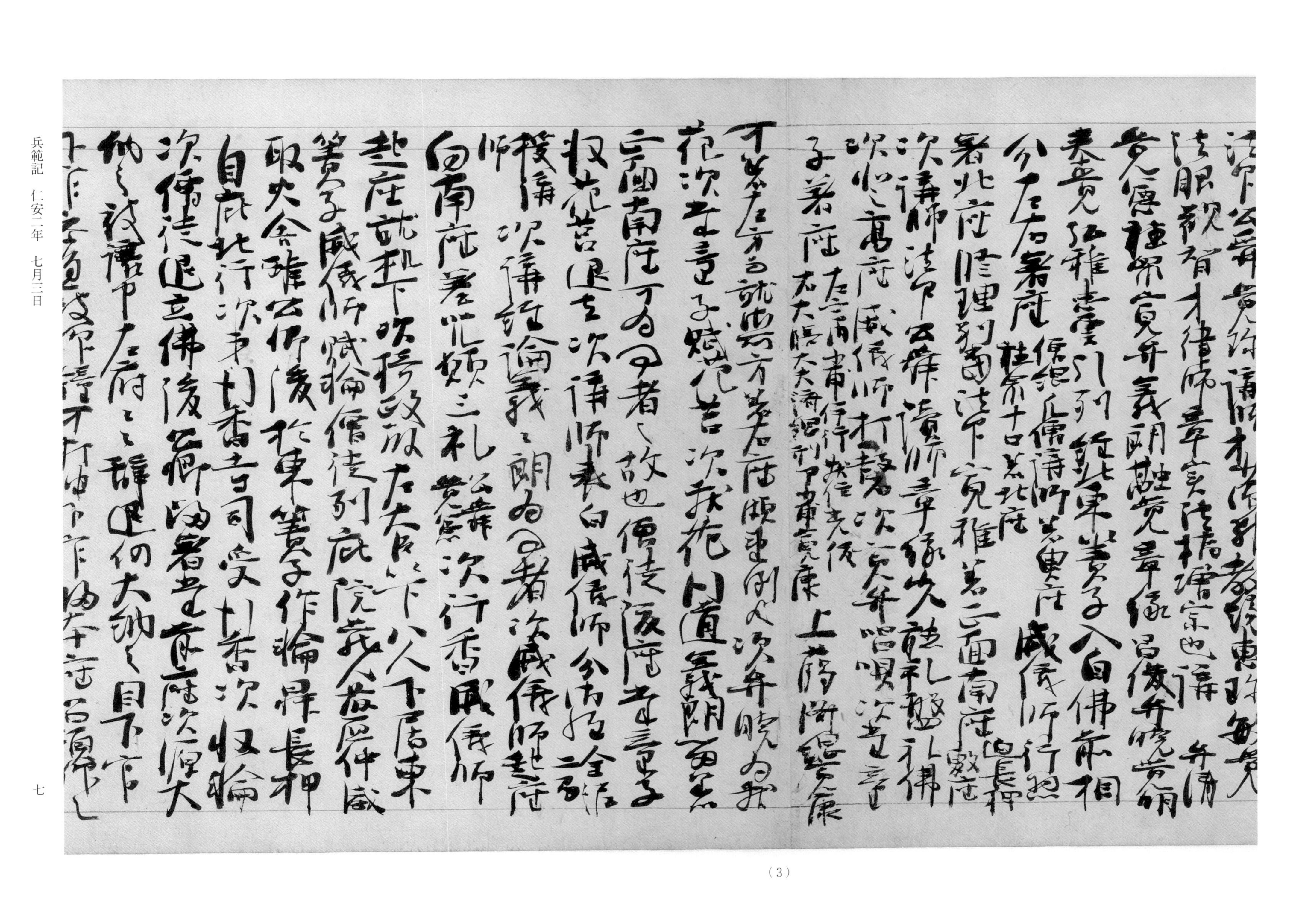

仰之被渡内大臣之、謂田作大納言、同下官
下官并左右被仰鐘事、次下官以本座召頼佐仰之
次打鐘、次僧徒自左右中門着座、次講師
教化、読師昇高座、次唄、次散花、明経…立座
目分花筥、次獣、無覚明、次行香事、次論
請論義、雖覚為可有之処、畢、僧退出、次
上皇還御、下官以草子時刻也
蔵人頭・長門・摂氏朝臣給也、紀記勤之、於朝臣
大納言於法勝寺被行下官、又於法勝寺僧膳奏
院畢、早可禄叙之由有仰、又下官取下文返奏
作之、賜位記、上卿下給此紀被仰下傍注記也
之下官、天仰下、信清
前講諸家句当年信清　年廿二、下官四郎　安女
入夜、御蔵小舎人中原守時、左宣旨使、出来、布衣
中門廊戸、敷紫縁帖一枚、為其座、次召蔵人
小舎人、次々相向、着装束衣冠、居縁、着狩衣
二位物盛平主　次一郎二郎　三郎兼仲
装束物高盛
周防守時盛、刑部大輔信季、朝臣勤之、諸司三分
取楾、次賜禄、長絹一疋也、家例也、刑部卿相之
下了便直可饗応、居机肴物、勧盃三献、謂
役之、次行禄、白布三段、未任一人同勧盃、禄布一
段、各拝之

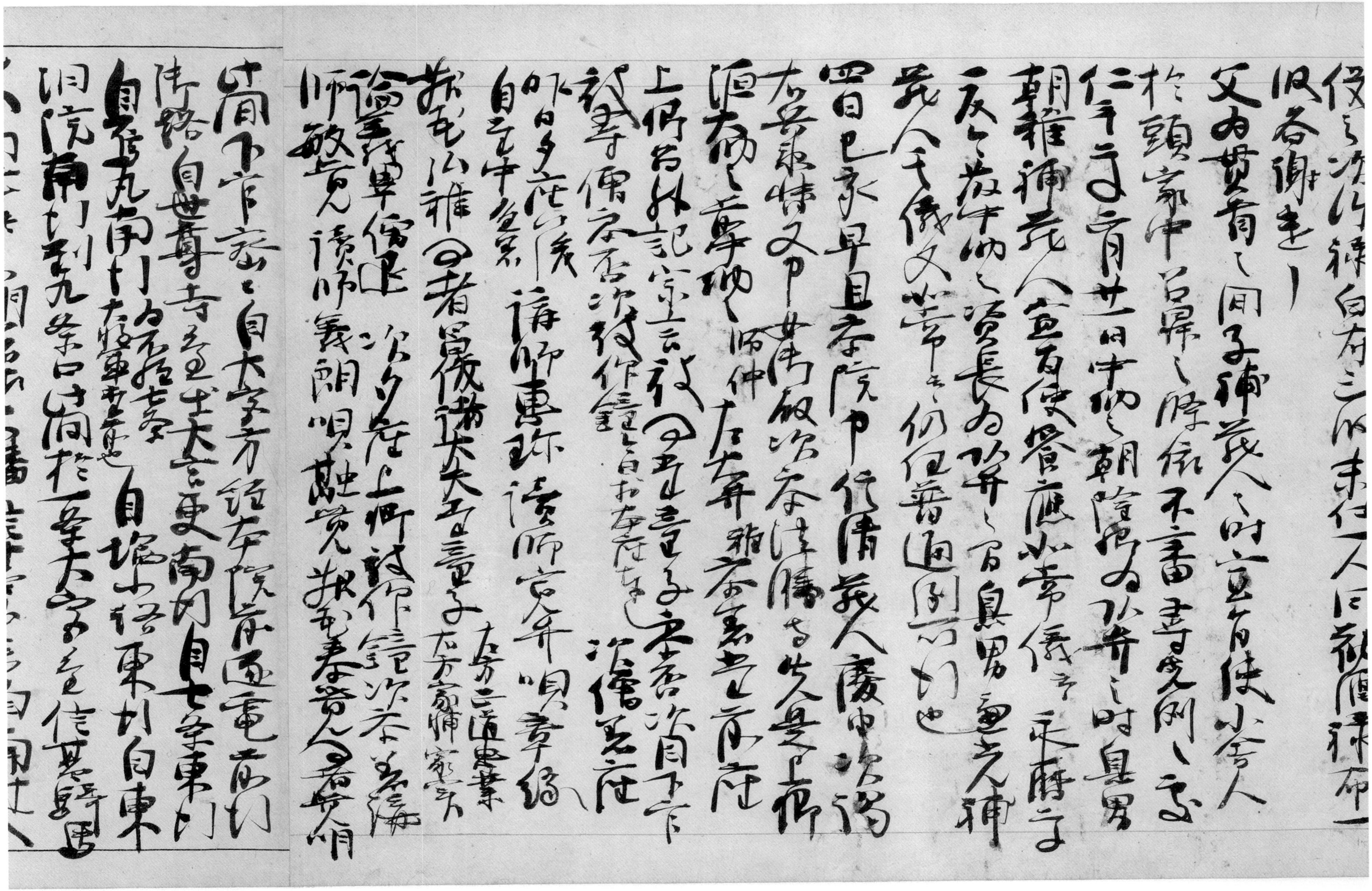

（5）

渡院様七条九条日記於一宗大略云々信其具趣由
人自件夜未明着木幡、信範下馬自南門入
浄妙寺門前直南行、内府男共轉経番
行下方行、内府桟敷也、後因次参木幡山中
先参院智定院入南殿西方、三丈許傾寺北方
陣三間頃随其三数九、知広供之　次有供養
立本花机、供香花灯明、仏供等、大僧都覚智
為導師、非番日請之、舎間此時勤仕、次人々参向
三昧堂、但廿日行人不昇、壇上有法花経供養、
法花経平等院供僧禎覚頂、導師請寺、有法僧加
下
於本寺鐘撞説経畢、布施一、任例也
次作三方六僧各始行法、懺法例時、未五十日中毎日
三口各作法一時、不動行次給地六僧各長絹一疋之
六丈布二段、上座明覚、同法門寺六人各白布
二段、代准拾式件、相折日別、白米三斗、三升、二升
仏供一升、預人僧三斗、三升、下僧宣旨、別当料油一合
人々到散、帰京之後、用西路、以下市、向宇治家府
信其信範等侍叙次知広、昔日、自今以上下三
又但下方付限不處従、於路以文礼拝許也
今日季御読経結願、権段取、右大臣上府以下参内

仁安二年
閏七月
一日丙寅
二日丁卯、参摂政殿、内覧文書、次参院、依上西門院
御薬、被行御修法、仁和寺宮所令勤之
三日戊辰、参院、奏文書、法勝寺執行申寺家庄々
訴訟事執申
四日己巳、祈年穀奉幣、辰剋上卿大納言雅通、参議
成頼、弁未参、召仕庄、次召左少弁為親、被仰廿二社
奉幣日時、召左少弁仰史、々仰陰陽寮、勘申日時
進上卿、[illegible]、上卿召内記、次召説定奉幣使
成頼卿執筆、外記進定文書硯等、次召上卿、次大弁
上卿奏聞之、即返給、被奏宣命草、諸社[illegible]
発遣[illegible]日時[illegible]、即返給之、清書付内侍
中宮別作上卿之
有御湯殿事、晩頭上卿参進、[illegible]、被奏宣
命清書、御八幡奏之、即返給、次上卿自弓場殿
経按察東砌、参左陣前、月華門、出承明門、南行出
南西小門、就向八省院、五位以上史、外記[illegible]

南西小門被入、前陣由以下依召参上
先是左府弁日時使定文奏聞、次有御禊
伊勢勅使　権右中弁侍同右中将同宰相中将以下
河東祭使　八幡勅使　権中納言宗家卿
賀茂下上使成頼　右兵衛督成範卿　右兵衛督信隆卿
稲荷　宰相中将実綱　信長以下使等如例、今日被用雲客
去年依不備御装、今日御湯殿以後遅延、被発遣
入夜退出、御卜諸左府可被補叙上卿相尋処不被也
五日庚午、自今日依御薬、執筆右府可仮相企也
十日乙亥、義人被補院宣作下人之挙叙也
被人之
左衛門尉惟重　左兵衛尉　左右
重衡　叙従五位上　越後守平時実
十二日丁巳、臨時除目
左馬寮　左衛門尉　左兵衛尉　右近将監
式部丞藤原　民部丞　右衛門尉　保通
大和守　藤原盛景　伊勢守　越後守　藤時経
美作守　藤原雅　清盛　平頼盛
従四位下　藤長方　平時忠　五位　義人　長光
平棟範　藤経
上卿中納言　大弁右大弁　義人
補蔵人　藤原重経　義人　藤原
聴昇殿　右兵衛督　平保盛
十四日己卯　晴　上皇　大相国

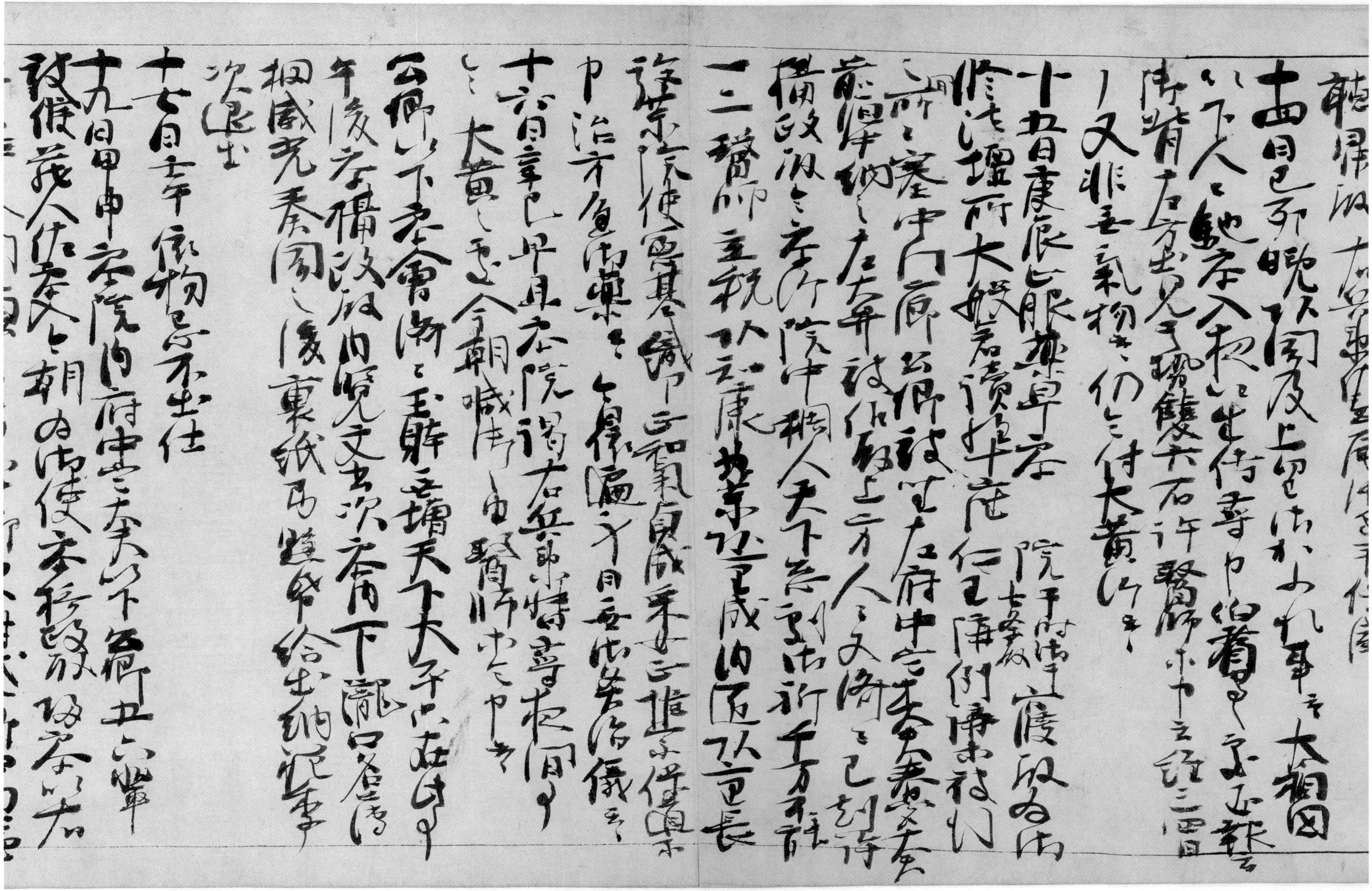

（8）

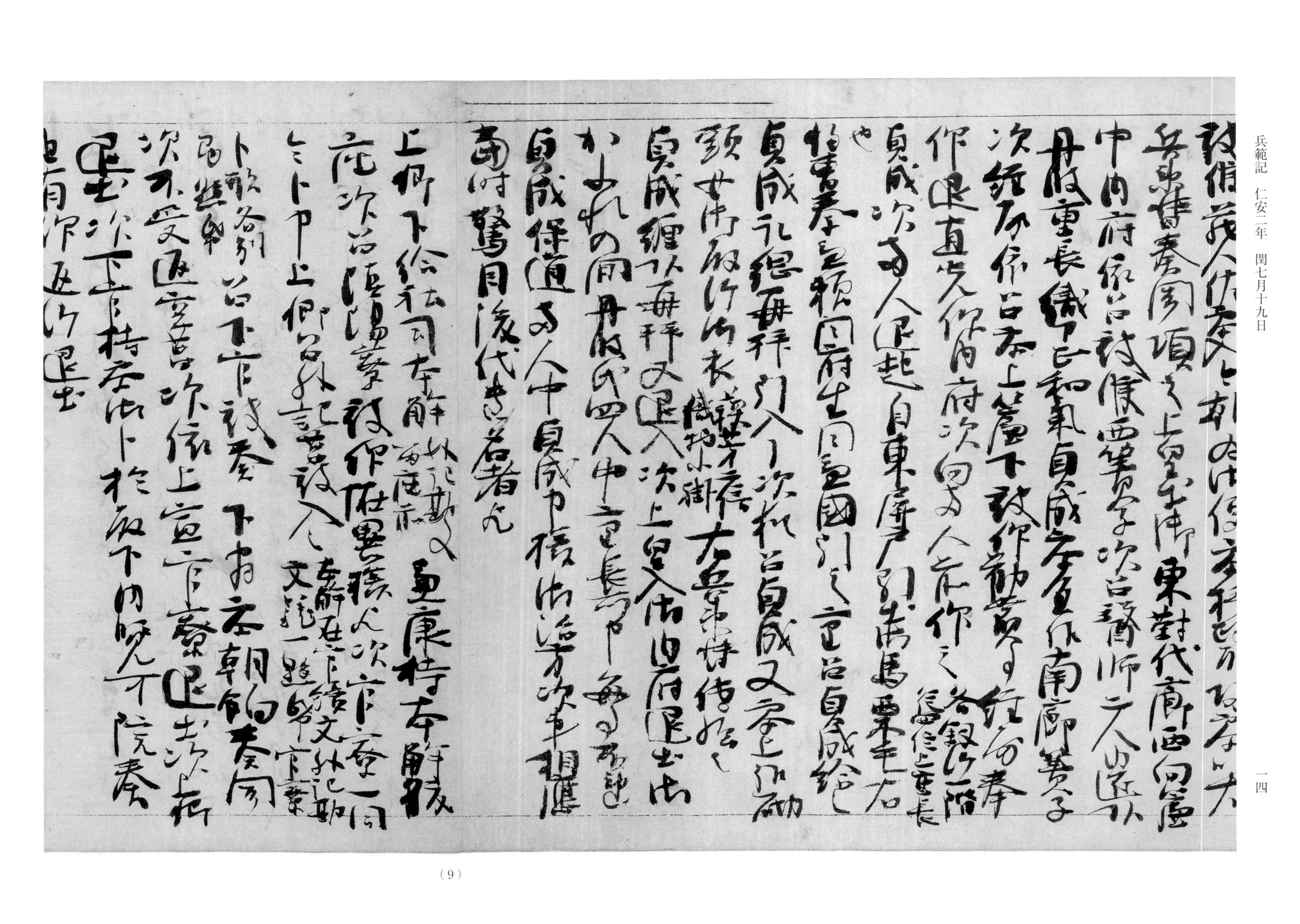

[illegible]

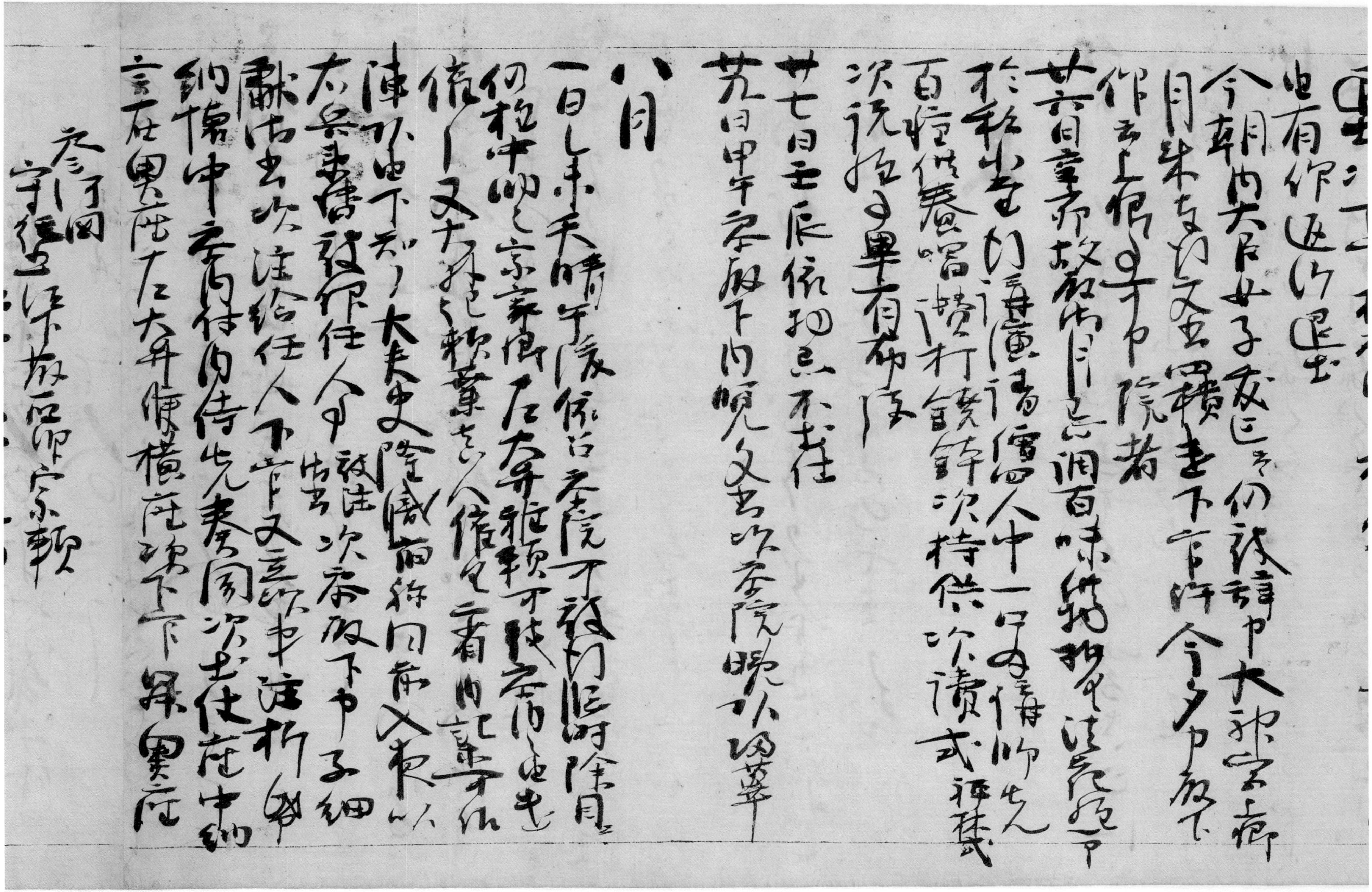

[illegible]
宇佐使従五位下藤原朝臣宗頼
仁安二年八月一日
次又一紙
従五位上藤原朝臣忠時
仁安二年八月一日
已上三通折紙、義入不庭紙、仍被用白紙也
不可為例、次上卿召外記、被召筥、外記持参、上卿被
納除目叙位、外記取之、与硯下官、召史請印
外記取返上式間、左大弁退出、史能景撤硯、次上卿
召外記、被奉二枚、仍召外記三度中、次上卿
以外記召二枚、次被下除目、式下二通、勅任、次召弁
一通、次召外記、仰叙位可付内記云々、次上卿召弁
記返上、次下官、召右兵衛佐成隆、仰使官
旨、申使、仰下官、ゝゝ召使仰史了
次上卿召下官、人々撤、次上卿退出、此間下官
参殿上、仰甲斐義人、召右横敷、仰下五位
蔵人平基親、義人召出納、給筆、仰之、出納
書之、小舎人内蔵寮持参、次下官退出
二日丙申、天晴、早旦参院、次向第、摂中納言
次向中除殿上、次向家
三日丁酉、已剋参院、被結願千手供、導師
権少僧都[illegible]被仰[illegible]下官[illegible]上臈女房
[illegible]

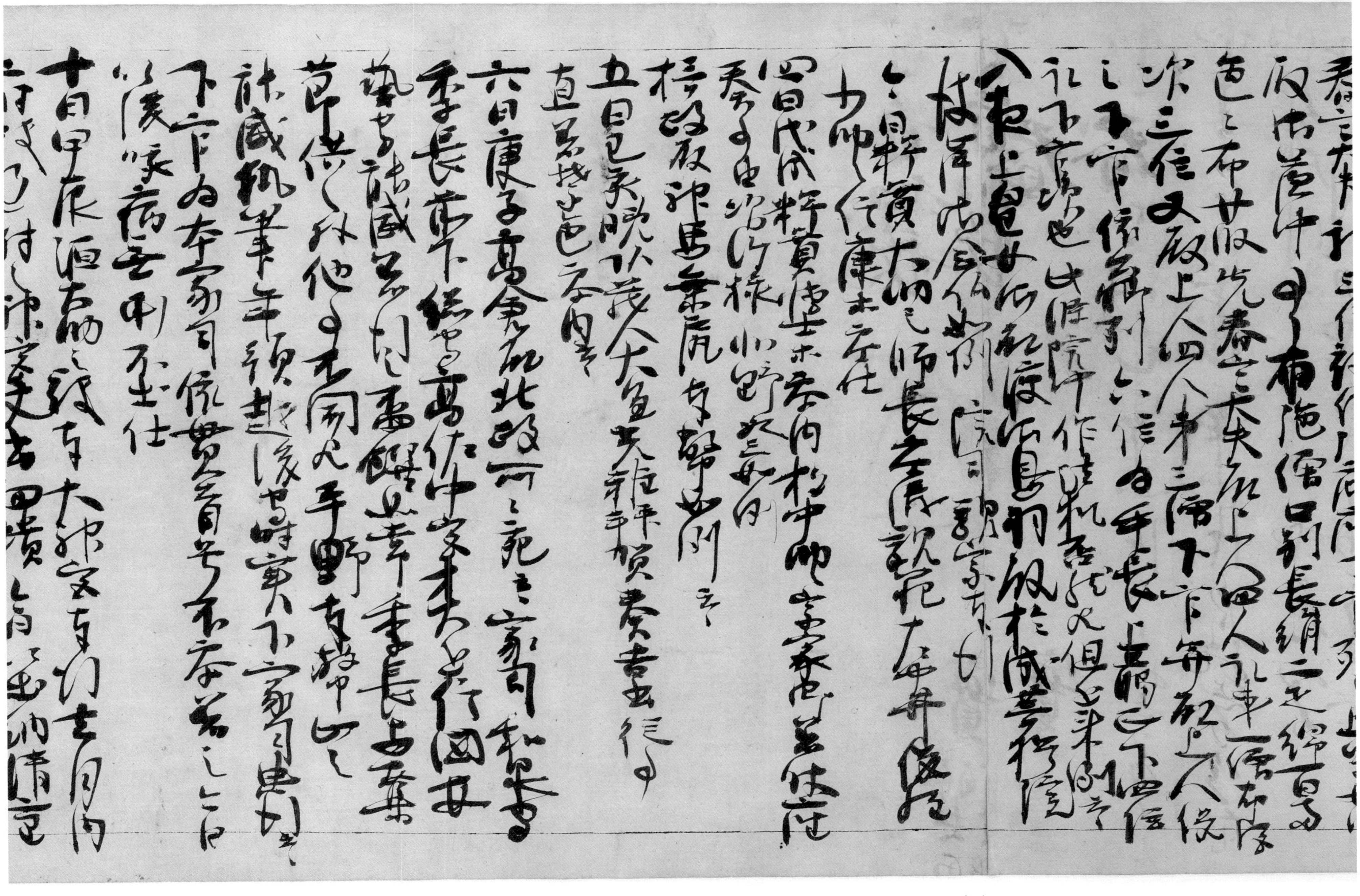

十日甲辰、酉剋之後、右大弁宰相自内
府被参之、付弁宰相奏之、右中弁横笛並納言
使者等退、納之事了
之、自申剋中宮御方〔殿上〕大夫以下公卿
柏己回被仰、左右大臣兼長執筆者
今少北殿、参給春宮、故敵麗車前駆皆人
諸大夫各十人、勤仕、中宮亮大進　春宮大夫
左兵衛督、乗檳榔車、随従出車三両、在車、執車
於春宮御対面之後、有贈物、御手本、納銀莒
具、組深緑緌、付銀松枝、権大夫取之、付左兵衛督
次還宮、伝之、　去七月晦日除服之後、初御対面
今朝、成菩提院法会、仏経、願文、院御女御
度御休息所、月、去七月御度也、但完記
家儀不記之、　之、御[illegible]南殿、南殿居

入記（包紙と本紙）

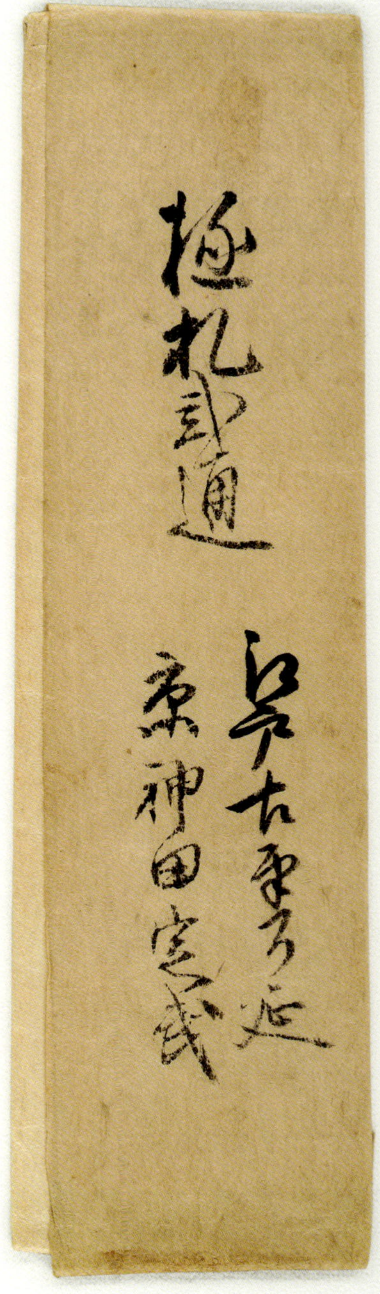

極札外包紙（二通在中）

極札①包紙

極札①表

極札①裏

極札②包紙

極札②表

極札②裏

射遺事

射遺事　正月十八日
外記着蔵人所々々奏官射手也
蔵人奉仰召内竪召参議一人
有賭弓時撰定入名侍中参議一人
若或出居座　左近中将
無賭弓時中少将一人
取手七九札外記奉勅上卿仰之
所使候之
参議奉之、復座上
蔵人仰云奏書取門々射昨日射者
参議召着左仗座
召外記令諸司具否
次着大庭据土自春花門入参
弁外記史等相従　六衛府不参
諸衛府佐着　依六位四位五位俑位

不設諸大夫座　在左右陣
射手座府作之、畳之、左右共将監兵手
可也、而近代将監・府生座敷之
又左近不敷之、近代同前之例
長寛七年左近射手
一献　酒肴酒　外居代下
居物盃

二献　箸下
三献　居鉄汁物　箸下
次将着座、若者射手座、或ハ将監代下
請ヘ射手座射之、将監以下座出
次将離座、次将、長官着之
射之、日暮者各二人射之
事了退出

兵衛賭弓者以番組階下着座
射之射手也可中當座上座候也
兵衛賭弓者以番奏可参之奏射之也
候上袴衣
也

已上承年十一月九日記

3286
イ49
天理図書館
439460
昭和四三年六月二十日

外記政

外記政　表紙

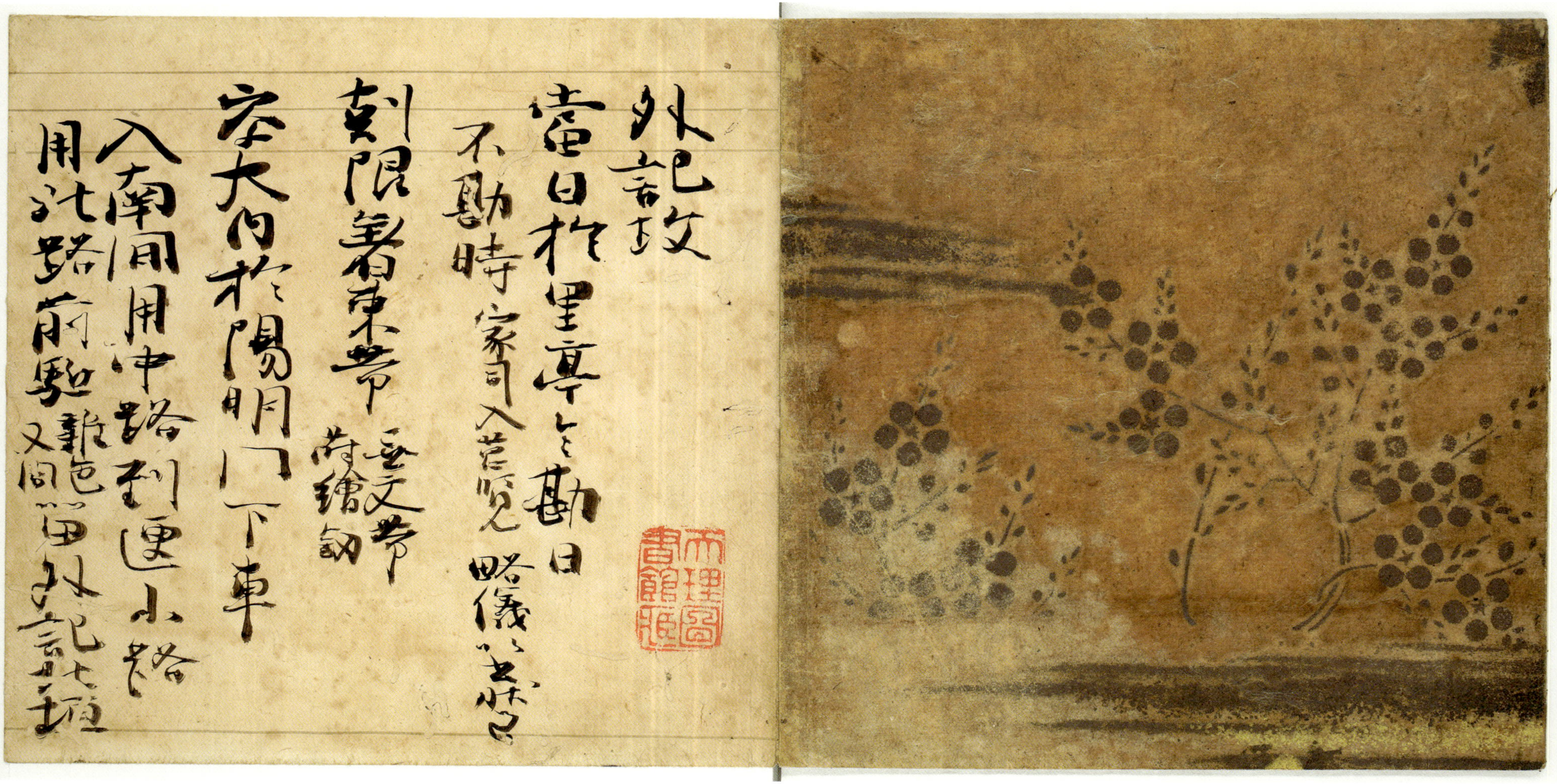

外記政
當日於里亭々勘日
不勘時　家司入筥覧之　略儀々無筥
剋限着束帯　垂文帯　持緒劔
参大内於陽明門下車
入南門用中路到東小路若
用北路前駆靴色　又同留外記廳七位十一

北宮弁少納言参會者列立
外記門下南上西面上卿過門前
南柱程頗北面立還揖揖
已過弁少納言即入外記門
着右衛門陣
自外記乾角南行一許丈立
裾着門南腋座於此脱下有揖如常
上卿着北庁南面非大臣者西面同

参議着南座北面
入門前砌内南行昇東面南
間皆脱沓有揖宴膝昇小柱北
一説不宴膝昇小柱南懸膝
此間彼庁長押下也仍不宴膝
長押昇着庁揖北面引裾
雖上臈着東端下臈参加
時衛西ヨ坐穿也
或説参議先在此庁時納言

以上後参着起座下立左砌一許尺
向北立納言先於砌下相揖
着之、此儀見北山抄所
用也
仁平三年十一上右府後参中納言
忠雅忠基参議経宗在座
不下大臣机如此不可用説也
上卿一人若此座時東間中程
向東坐

無左衛門陣座時儲椅子東西行
對座數座天後引揚
上卿自北座儀自南着之
参議揚後南行入南揚右使寄宮
立座後揖着座
各着座後右使申時
進立前庭西面申之右使退上卿召答
自三月至七月辰三自九月至正
月巳二 二月八月巳一

次召使申了不必待仰事具者申之
上卿仰吉上云召使召せ
吉上在門北間壇上依眼路不召直仰吉上仰官人
官人入外記門召之召使参
着東庭上卿仰曰召せ申之
召使称唯退出外記門北廊
初参政不同事具否
次上卿以下着廳

自上臈次第起座着沓為揖
如例上臈着沓揖之間次人揖起
斜東行召使前行入外記門前駈
一人取深沓傍左方入門
次入小屋垂前駈人召使取深沓
経廳西庇中央間入小屋
着深沓若従僕従取浅沓出外記只行南所小屋相待
保光卿入時入南向出時出中間出小屋了一

南少東行、更向巳次公卿
相揖、公卿答揖
先是巳次少弁入外記門
列立廳西庇南砌門柱外、揖
東上北面
（或説立砌於西宮北山西庇南砌下
東上、雨日深入立外也、於思之晴日立砌）
上卿揖、巳次（人流）経廳北庇東行
入廳北面中戸（台使 寮儲）着東
第三間（請印下机 同也）倚子（自下方立 庇前揖之）
巳次公卿一々垂揖経庇間北
行（一説揖 立）入小庇着深沓
揖出揖々次人（毎度巳 次人答揖）東行
一説巳次人揖経柱（南西更入中央間）上臈進北後
巳次人次弁立上臈許（受答 揖也 出山 如此）

納言入中戸、参議入西戸、入戸時先右足　著兀子　各自下立前　揖坐召使副耜
家未入著深沓不揖　信云人也
次申文儀
少納言一人弁二人外記一人
史三人各着深沓入西廊戸、経庭
中列立叙位下　五位以上一列　六位一列東上北面
上卿正笏宣
少納言ゝ下揖唯　先五位以上同音　次六位同音
次弁少納言著座　弁子在西面　北上東面
外記史着座弁少納言後
次上臈弁起座摩笏　敷下居　摩子立
正笏申司ゝの申文申給ヘト
申文　請ゝ清申
即居上卿無答

次第一史起座揖笏披文
讀申伺上卿氣色 民部有
上卿見史方作云縦 放音
讀申史与外記相共起座 不候
同音稱唯高揖史不立不唯
次第二史讀申 同前 或云由 民下
上宣 同上 稱唯 又同
次第三史讀申 云々有
上宣給へ 稱唯 就同居
次外記史退下
次弁少納言次第退下
次請印
少納言一人入西廊戸着南
第一床子
次外記捧筥 史生捧印櫃 相従

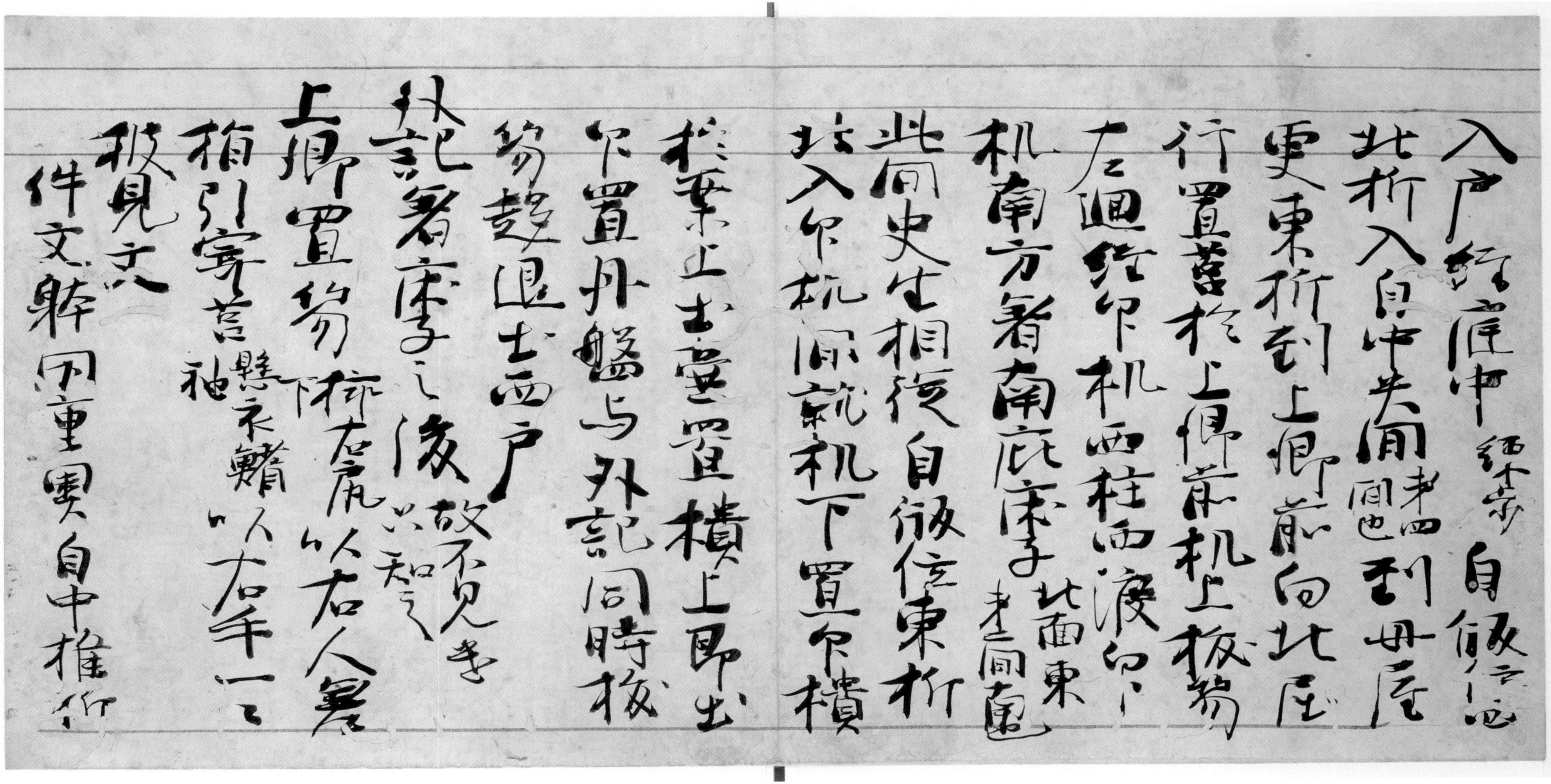

史見訖仍如本巻結之
先見並外記方
次以左右手少押出並 引寄下 程押出
次把笏
右有巻文先取之置並右
机上右有勘符者置左方
先見枚文次見巻文 如本巻之入並之
見勘符横置並 文上方
次外記自下机東間起就
揖笏屈行 取並捧持西行
南折出下机西柱西邊渡
同机南立巽角 北面 召史二
名 一音
北山右有難出上卿懸右柏於
並外記居西把笏即仰云文
不傳也 外記唯立取並
西向右前落文者不取留急出
不用意

次史生稱唯入西戸立下杌
下外記西相並
次外記授書於史生挾笏立
史生播笏取書置下横
西取横置右方取文披置
杌上 讀人置テ上
挾笏退立申之枚文若干
枚下刺 但有巻文先申巳之

上宣刺
史生稱唯就案播笏收袖
挾下讀每三枚挾笏退立申
云下讀 シミチシトレス
上卿見畢少納言方仰云
給ヘ
少納言作居摩笏微唯
次史生播笏入文於書授

外記云、謂入、仰下、於櫃右、
置丹駱於板上、即捧持
右廻退去、出西戸、砌同摩音
外記同史生皆聲捧莒
右廻出、仰机西同自廊戸
退下
次少納言経本路退
次移南所
上卿以下一度起座同時　下臈先出
揖、各右廻出本路戸
西行　上卿皆留立　麁乱草方
先右足出戸直稱
已次少納言先下臈経西
庭中央同出外記門　先左足之

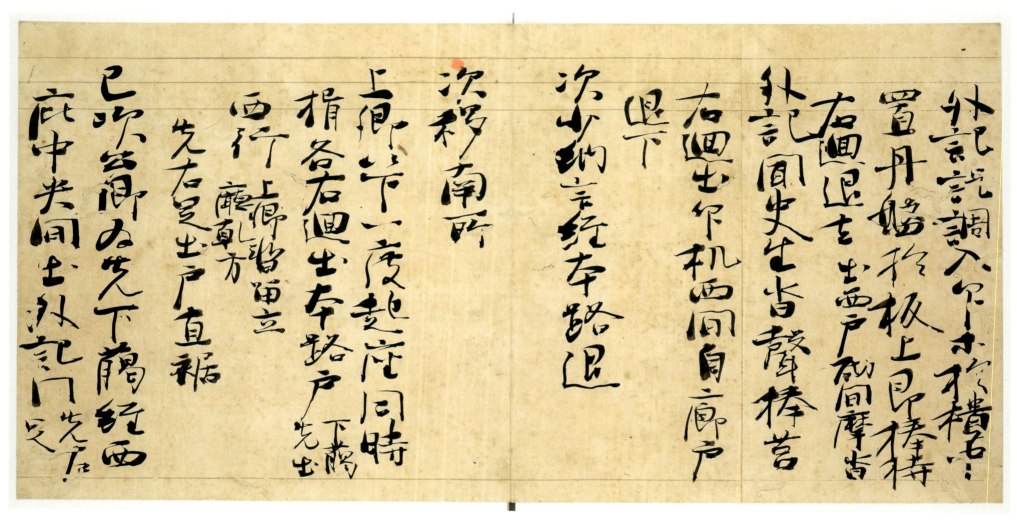

北山中央南行揖無右廻應
西宮南列北上北面雖立定無揖
列裾在前
去外記門四許丈取末人南達
春門北柱立應列重右袖立
左儀一人無他人時相立記末所
或説立己次所
谷相去一丈七尺
小右記南達春門南柱下以西人
今案一人時相可立四許丈也

先是弁少納言已下列立（南上東面）
史生申下刺也時下掌進
結政告之
外記史列其北（東上南面）
次上卿経西廊中央同出外
記門（右袖摺右柱立　北山不及北廊二寸許）西面立
去門三尺裾　先揖弁少納言
相在門内

不深各　次揖外記史　揖白乾 不云白
答揖
小揖也大臣 答揖也　次云白南揖已
次公卿深揖已次公卿同時
答揖右廻ゐ於ル下﨟南
行東入南所門 下ホ
上卿同南行皆不敢 行 經樹東
入南所門 於門外一許丈 欲到東 同見長坤方 故實也
立小庭前南面向已次上卿 北上小庭 南上東
揖已次公卿各答揖
先是已次第卿入門列立門内
南邊 西上北面一院東上 西上北山共西上寂ホ上 今無木 西上 時上卿立小 庭坤
上卿自小庭東北行於小
庭西一間砌壁下床子邊

脱深沓着淺沓
僕従豫持淺沓儲使小庭
門改沓訖取深沓 公卿彼
入之隙出南門
入同庭北面二同經西面戸
昇西第二間沓脱着座南
面
弁揖如恒
不直沓
已次公卿同時北進 立門南揖
立稍共並揖
謂之平等
北山滿北一許丈南吾滿
上卿僕従出門後次弁揖
進出於小庭坤角改着淺
沓向南揖已次人 各参揖
入北庭戸 納言西面戸
参議北面東戸
上臈人若有小便事者次人令
西盤下砌待之 北山西二同
着座 各昇座後沓脱揖如恒

西上宰有憂筆未自北戸入　面下出
次少納言一人先着庁召大舎
人 〃音　大舎人稱唯
次大弁宰相着庁々後弁
少納言亦着南庁座
並立皆脱下同揖昇
東上北面
非参議大弁着南庁上
此間召使同西戸候東庭竹下
板庇　北上西面
次居大槻　此代不居
次所臨　此代臨用大舎人　置高脚盤
盤采女着亦居一盤下盤
居机上
弁少納言座自本居之
次申文　中文　申文同不陪不用府
申文々後外記三章小陪

史持文杖入、参議出入戸
立東立蔀下候上卿氣色
上卿左顧同之
史挿唯稱進就上卿右
進文 作立
上卿踞坐向膝上置笏
於右奥以左右手披取文
持之 或置前
此持文如見左肩史立定
本所小揖時史著床子
史取空杖退立本所
上卿作向膝上見史立定小
目史即著戸西腋床子
次上卿見文 其作法如恒
文三通龍一 礼紙 鈎文二通 馬料一通
見了披取礼紙引懐置板

敷端上方向北
史傳杖於戸腋安進取
礼紙置前 上卿下文
北山随前下之
史結申
上卿作之詞 鈞文申給へ 馬耕目之
史毎度稱唯取文退出
之次取書杖出戸
上卿把笏南向坐直
次下箸 不申上
次少納言召大舎人 稱唯
次所召 侍從大舎人 居鎰湯 居汁
次大弁申上
上大弁者下臈儀 依着把笏
氣色上卿又立箸
次上下々箸

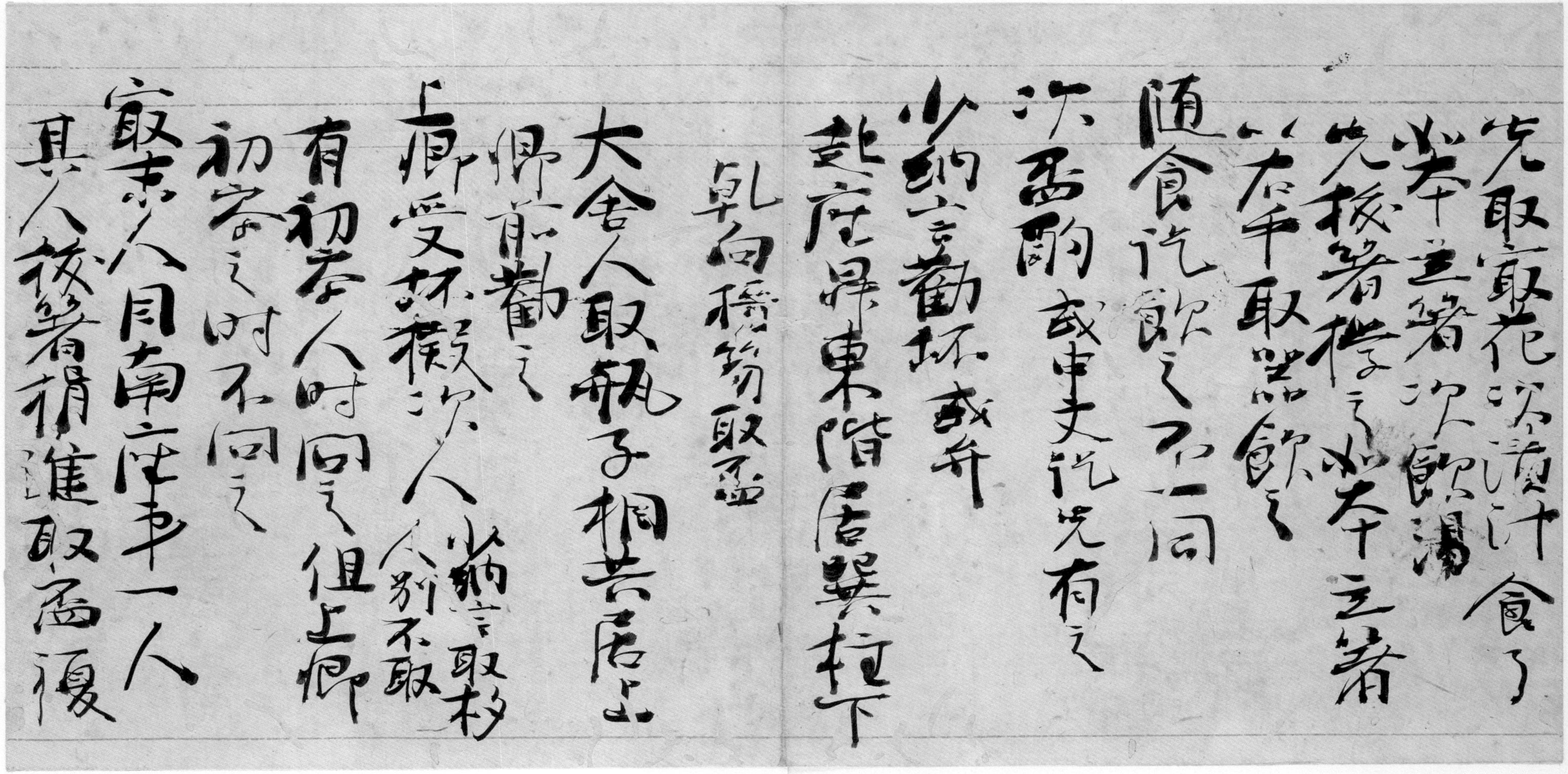

先取寂花汁食了
挙並箸次飲湯
先抜箸樹之以挙三箸
以右手取器飲之
随食訖飲之加一同
次盃酌或申文訖先有之
少納言勧杯或弁
起座昇東階居巽柱下
乳向穏勧取盃
大舎人取瓶子桐共居上
卿前勧之
上卿受杯擬次人少納言取杯人別不取
有初参人時同之但上卿
初参之時不同之
寂舎人目南座第一人
其人抜箸稍進取盃復

庭幽流以帶、樹巡人纜
巡坏南與例也
次上卿以下抜箸取笏
次弁少納言抜箸覆笥蓋
退出儀
先弁少納言起座下立砌
脱下一同揖退下列立西門
外北上東面
此間在東座召使渡南砌
出西門敷新人甚人
経北砌開西戸出門外
次上卿以下揖起座自上（起）
着沓下沓脱揖右廻出
西戸（安議出　本戸）経本路出西門
逼北立西（衛門北柱西立　六人向西）揖

弁少納言各於稍経樹西
直北行　召使前行
入門之時木西　里門之時木東
中右里門之時猶用木西
至左衛門陣下取裾已次相従

入内
入建春宣陽門経左近陣後
屏下垂裾与政官相揖入
敷政宣仁門

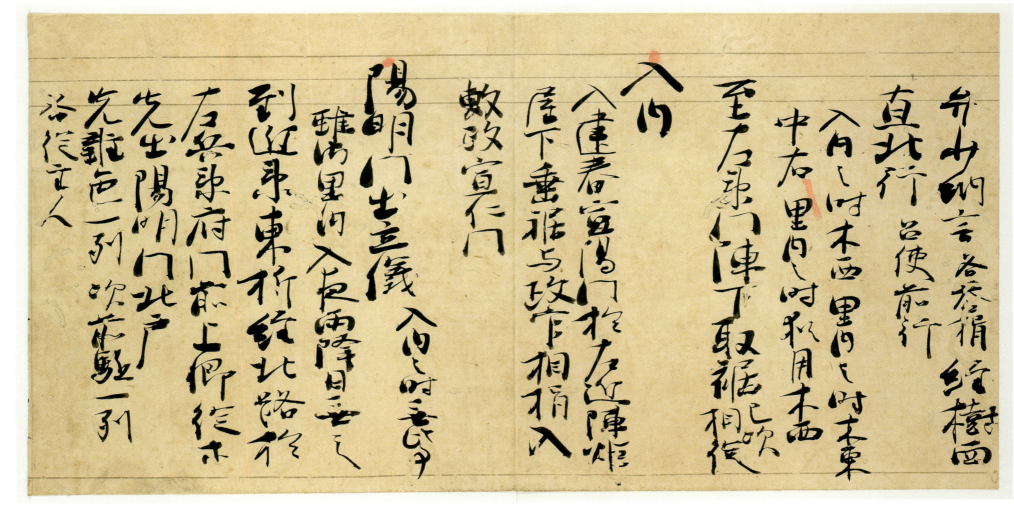

陽明門出立儀　入内之時無此事
雖陽明里門入夜雨降日無之
到近衛東折経北路於東
右兵衛府門前上卿従木
先出陽明門北戸
先雑色一列　次前駆一列
各従二人

於同府門東邊上卿垂
裾　故實者少門之代立件門
此間已次公卿上官尊列
公卿南右兵衛府小門西門
列立　垂揖　中道北邊
弁少納言列于西外記史列
立西　南上東面
上卿到陽明門前西砌南行
南廂間右廻向西立定揖
已次公卿已下答揖
上卿左廻取裾出南門
乗車
已次公卿南面立直垂揖
上官改到其西　東上南面
次一々垂揖放列東行如上
卿於南門砌外右廻揖

已次弁下雖南面答揖
最末公卿起揖弁以下答揖
宰相大弁如此
一説、参議各揖左廻東行 納言起揖向揖
不論向直出門乗車 於 宜説
公任卿説、隔座人晩文以後
不着見此記 小一条説、仰来入
前着庁頗揖起
北山抄説已上一東行更西向揖
下臈退出西宮記同 西北説、於上臈揖說
枚数用

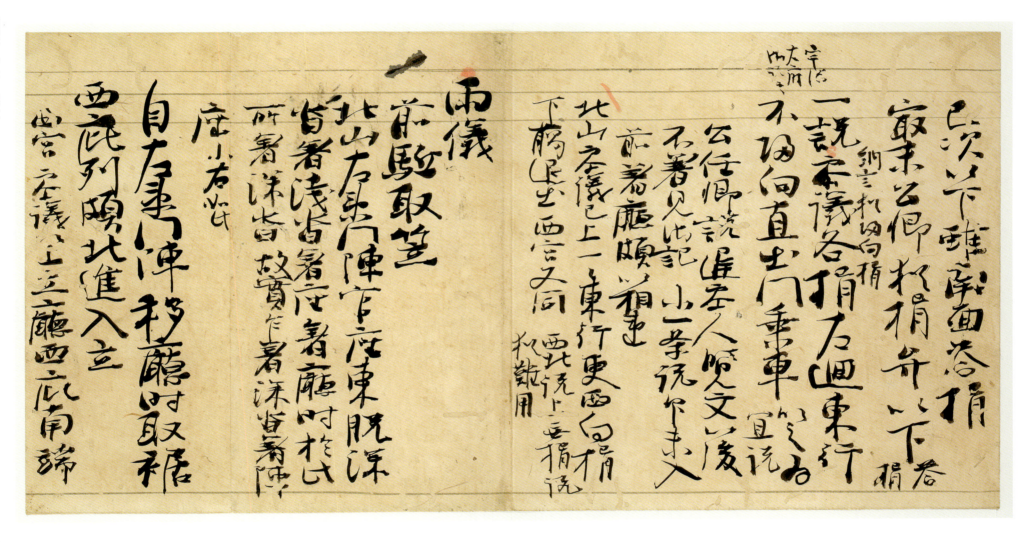

一 雨儀
前駆取笠
北山右衛門陣下座東脱深沓
皆着浅沓着座着庁時於此
所着深沓故實先着深沓着陣
座小右記
自右衛門陣移庁時取裾
西廊列頭北進入立
西宮 云、参議以上立庁西廊南端

廳申
申文事
弁少納言等入廳南小戸
列立中間北上東面 外記結申
尚立廳内
已次入西廳南第一間 柱内
北面東上列立 納言宰相一列
上卿至小屋戸前左廻南
向進行五三歩 留立相揖揖答
出西廳中間取裾 前駈執笠
取笠進廳下
上卿保光卿宰相實資卿等懸裾
移南行
取裾用笠
至門内列直北進改沓
着座

巳次人々次第揖出南間出門
上卿入南所門直入
巳次列立南庇壁西 北上
上卿僕従出巳次人北進二三
人改沓揖下臈入着座
南所砌出立孫庇西砌邊
下 北上
上卿下起座経出西戸西
行至西砌南行経砌内於
其序中柱下西立揖弁
少納言 北山小庇中柱下
次出砌外取裾出門
南所装束
次甚酒其出立南縁庇東
一同
入内儀

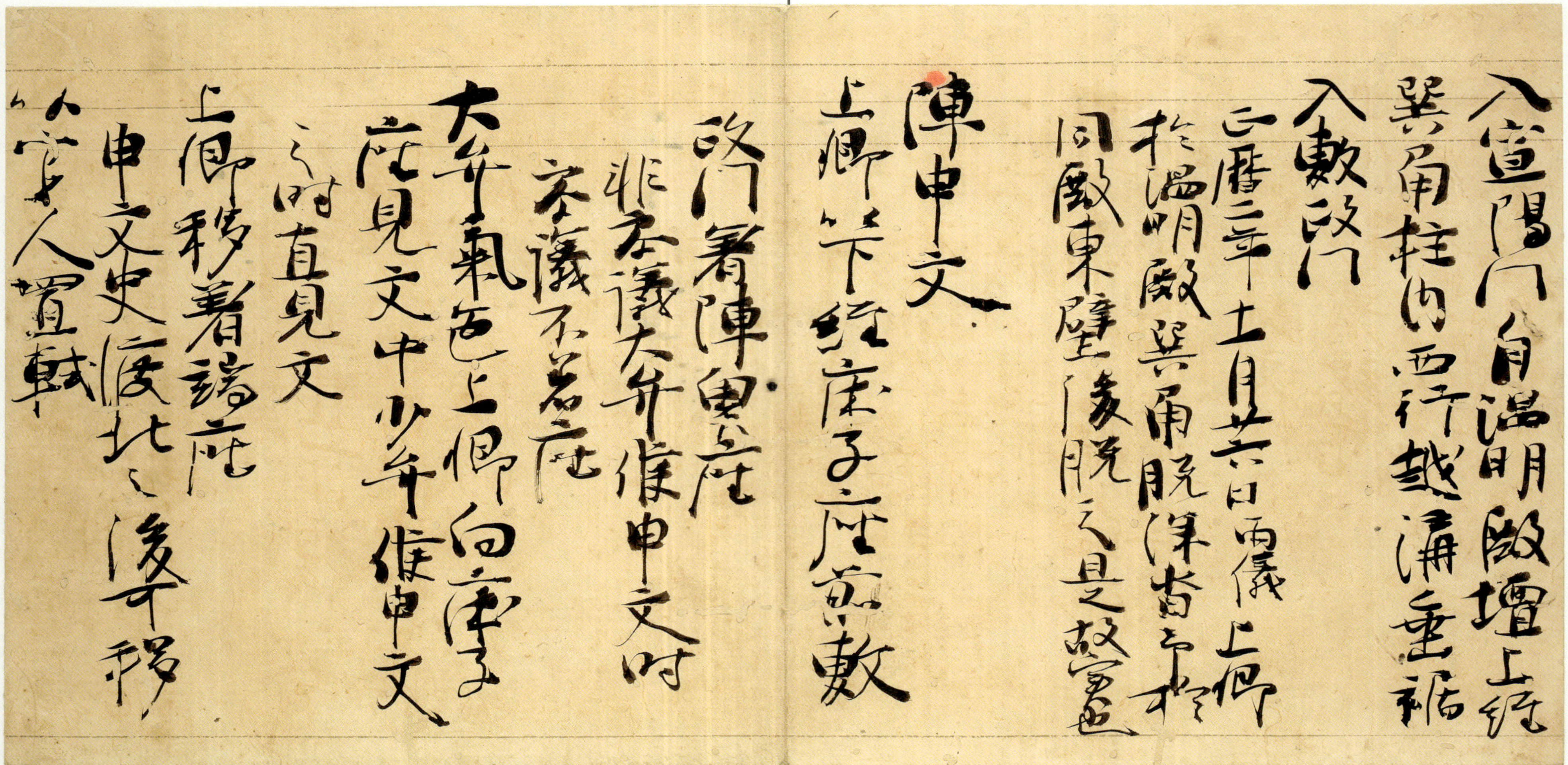

入宣陽門自温明殿壇上経
巽角柱内西行越溝垂砌
入敷政門
正暦二年十月廿六日両儀上卿
於温明殿巽角脱深沓者也
同殿東壁後門脱之是之故實
陣申文
上卿着下経床子之所着敷
敷政門着陣奥座
非公儀大弁催申文時
公儀不着座
大弁氣色上卿向床子
座見文中少弁催申文
之時直見文
上卿移着端座
申文史渡北之後弁移
以官人置軾

大弁着横切座中之文
左顧
史起座申文
上卿取之史座定之後被
見之如恒
見了給礼紙
史取之展置杖上
上卿下文作之詞如恒其儀同南所
事了起座経本路退出
吾蔵人方吉書宗例

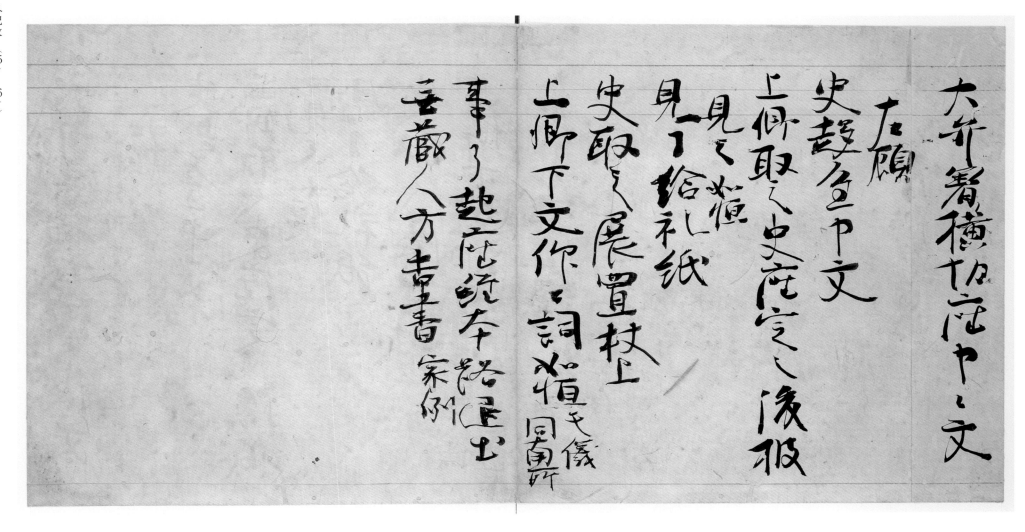

承安二年二月政　或記

南所大臣抑中納言以下進立西

所親宗存父子之礼不退列蹲居

納言出了後列

経信卿其趣弁　南所許往々

外記門陽明門不注家礼専不

得悟云々

天理図書館
439461
昭和四三年六月二十日

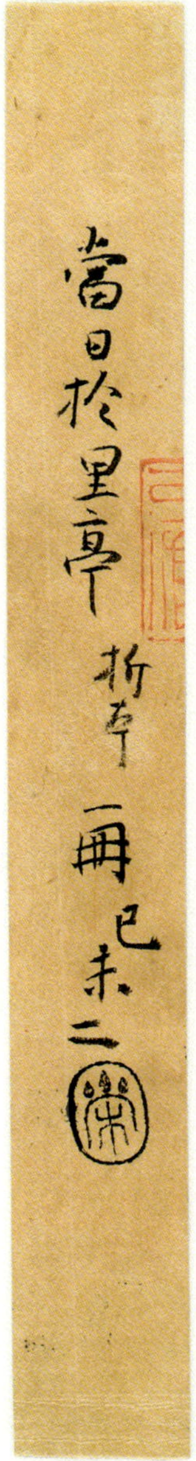

極札 裏

極札 表

極札包紙

釈奠次第

本書前半の五図の紙背は、第二丁裏・第三丁表、第四丁裏・第五丁表、第六丁裏・第七丁表、第八丁裏・第九丁表、第十丁裏・第十一丁表のいずれにも、下図版のごとく墨付はない。本影印では、この部分の掲載を省略した。

天理図書館蔵

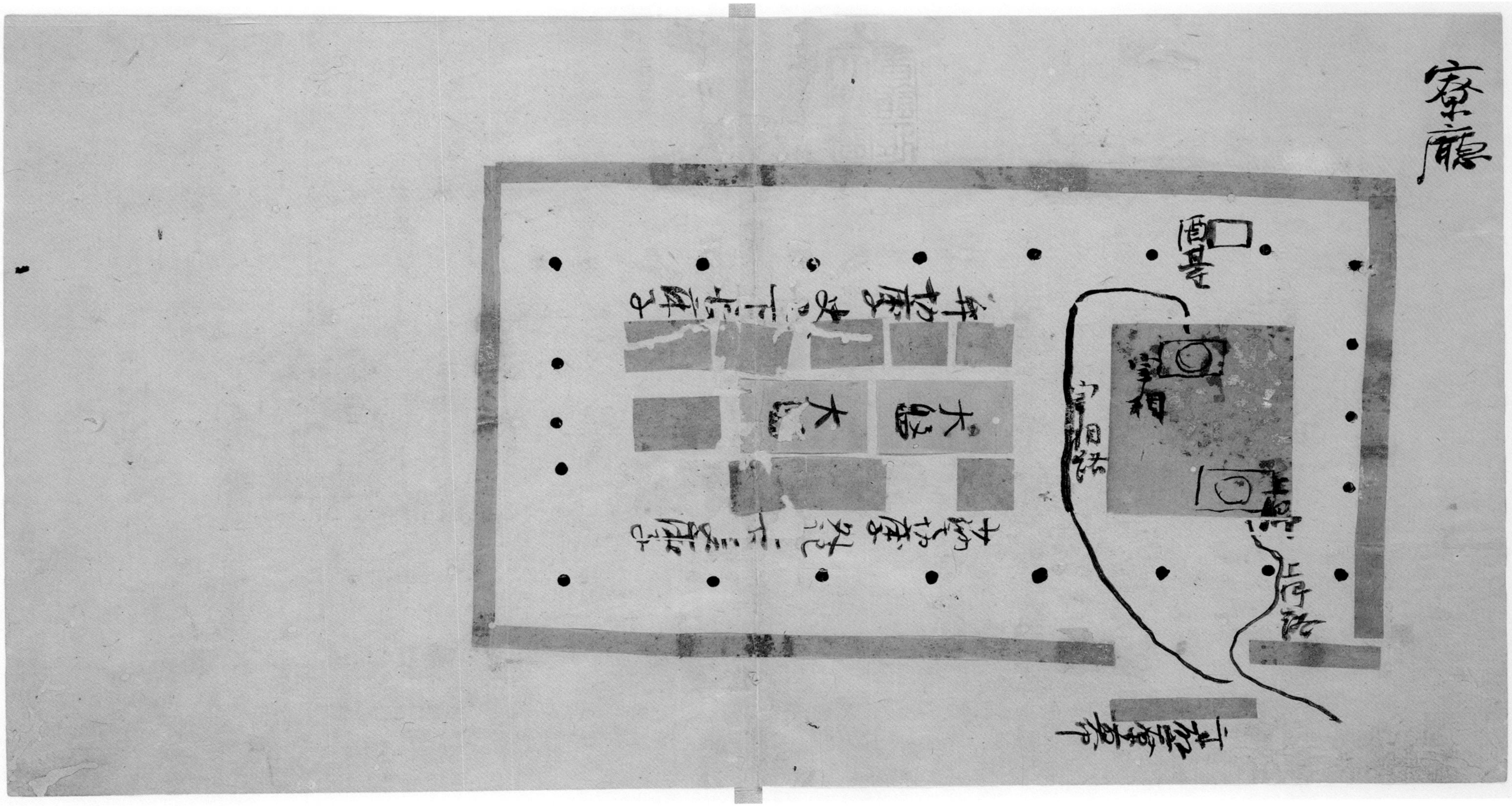

都堂
西廊
高座
南
北

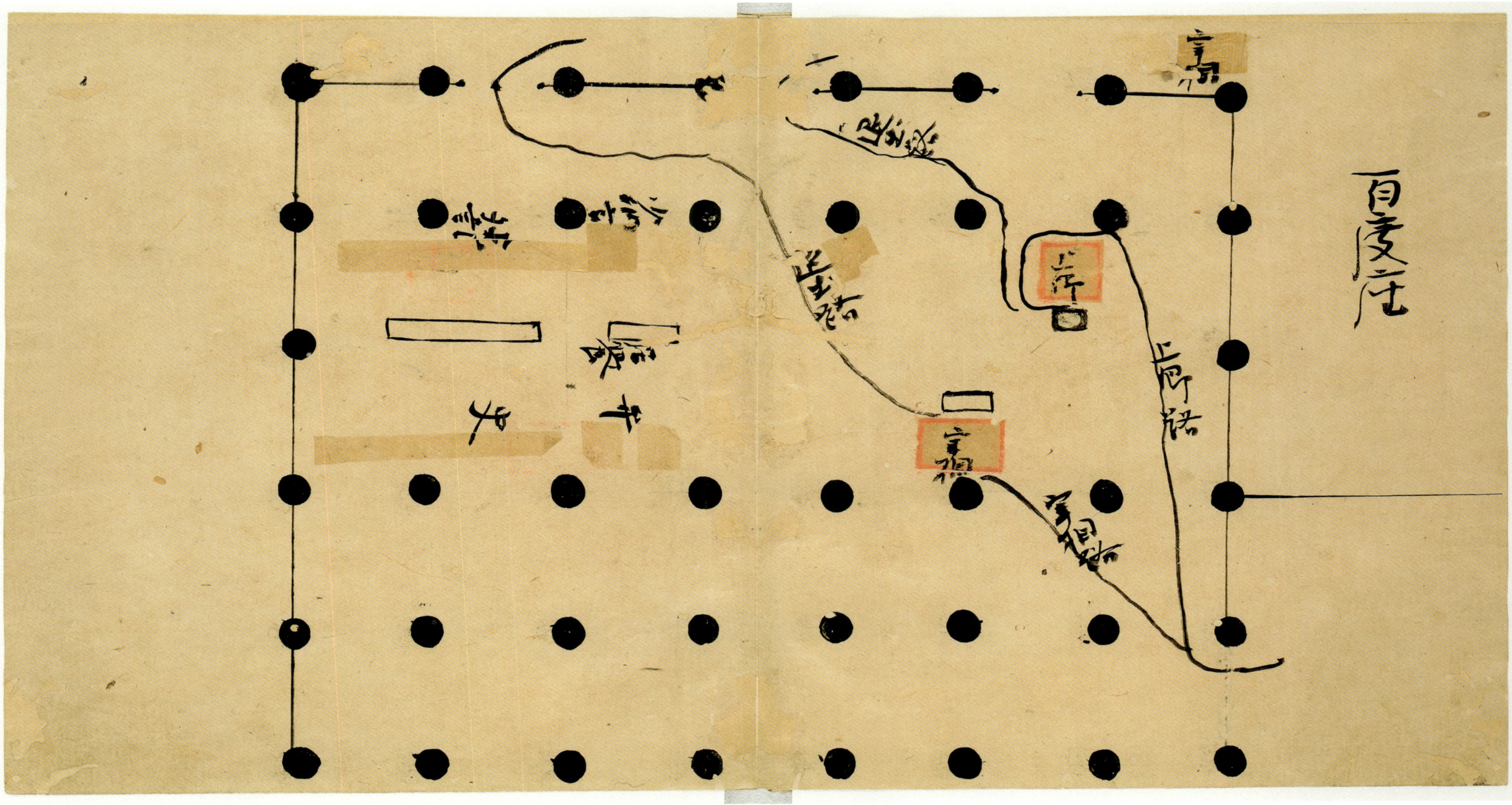

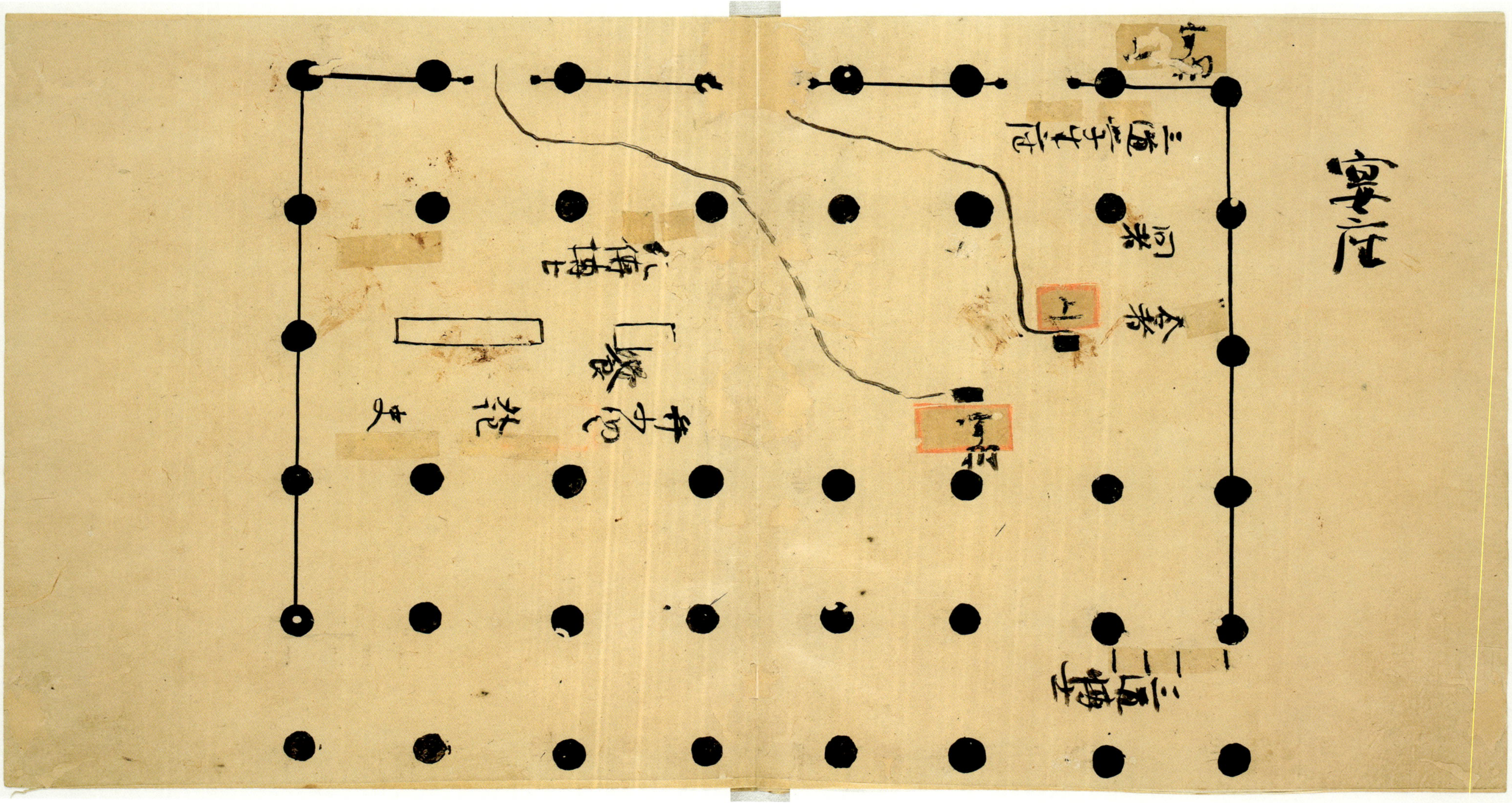
宴座

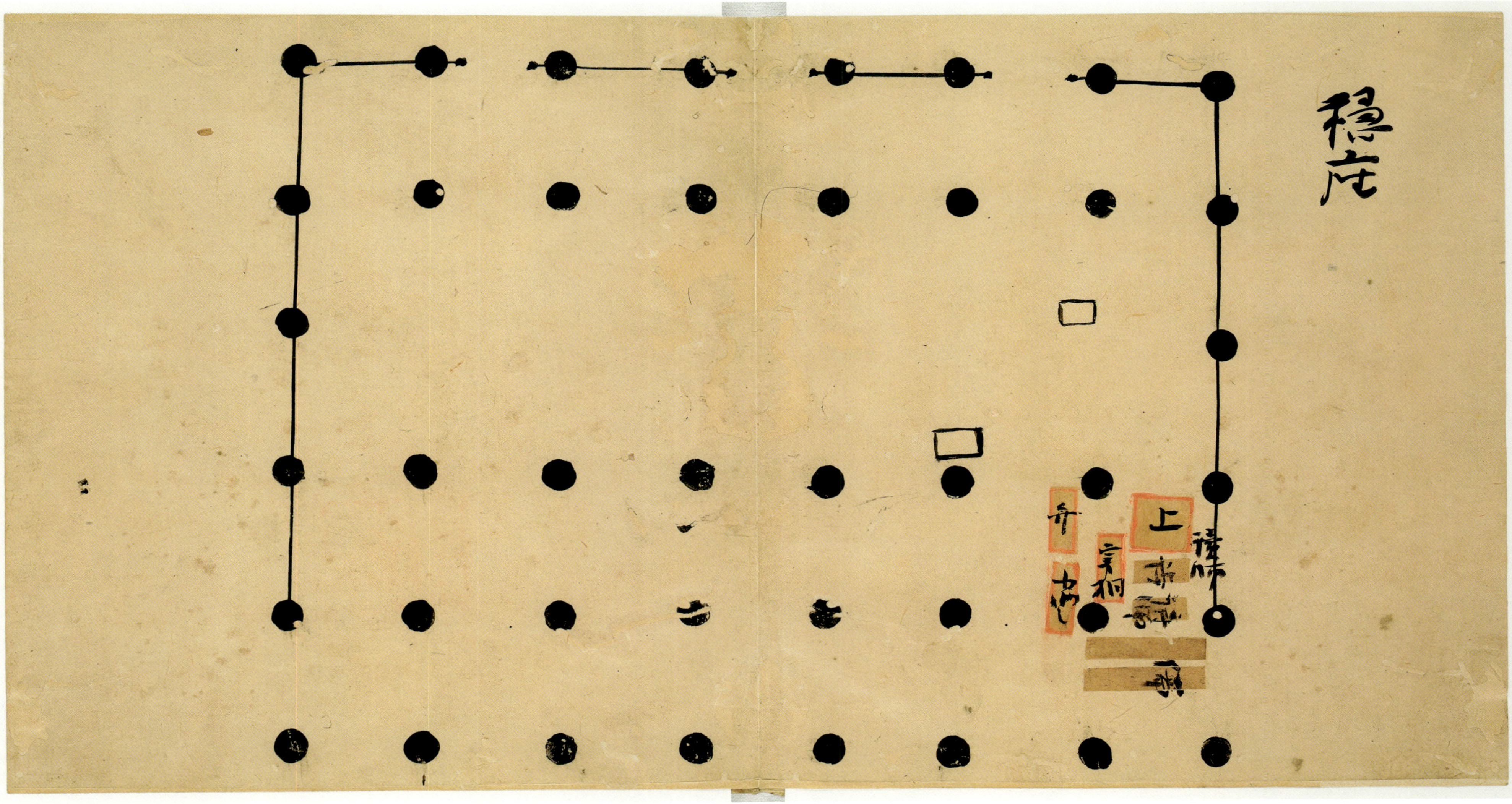
穏座
上
宰相
弁

釋奠　近例用両儀　庁下廳儀

公卿無文帯蒔繪釼

弁少納言丸鞆　各相具靴

重服人不参　軽服日数人参不廟拝

上卿参議着北廊座　正廳東昇廊也

経博賢門下東門及廊北幕　迺才

寒〻幕　経廊戸前橋着戸内外座

上卿着戸外東腋〻子　北上西面　或南上

参議着戸内西腋床子　北上東面

上卿先着時参議後参者経東廊

東南西去之

上卿前床子置式筥

一説上卿西腋戸内　南上　参議東腋戸外　南上

少納言弁外記史着東廊座　少納言

弁南面西上　外記北上西面

史北上東面

次上卿以召使召外記問諸司具不

及上臈宰西〈外記立戸間砌外〉
次外記申代官与奏詞〈如七日節會〉〈上﨟初名不申〉
次上卿云、使仰云廟堂戸可用之
由仰本寮与　又仰云可廟拜之由
告弁少納言与　曰使唯退告之
次上卿已下起座直降戸前橋经
前庭〈随之取裾〉拜自廟堂中階

〈洗手向東戸於壇上庭也〉
於同階東邊〈舊例先於前釼僕從西面侍之〉
手拭布夾末　夾笏於右腋洗手
立壇上
不敢口漱可　把笏入中戸〈當時二間也仍入東〉
階之
戸也不脱沓　列立上卿當歩入聖之前
或脱之　〈杳或入西戸或入東〉
東上〈北面〉弁少納言入西戸〈於壇下洗手〉
着卿一列　弁少納言在外記史一列
立定再拜　次東安進〈上卿當歩入廊〉

或下﨟経上﨟後　又再拝　東上西上
西上云替　共有例
揖自下﨟退出戸　前幼人於本座
帯之
次弁少納言已下列立前庭西方東面　北上
参議以上自下﨟出戸還向揖南行
揖弁上首各立戸内外本座前
上卿出戸下階脱揖南行揖弁
立本丸子前同時揖坐本座

一説参議以対弁已下北上西面列立
一説揖放列前留揖次弁昇
退出之時堅前列立了一々揖南行
一説出時上﨟先出揖弁南行
各着本丸子　中右記如此
次外記参進申寮廳饗弁備
之由　近例略之在
上卿已下起座向寮廳　以東廳為上　向北上対座
上卿経廊北東床庭首弁少納言

先是列立東廊東庭北上西面或壇上
卿上首南行入東掖門入東面北
上者東庭西面先立庭下卿 參議同 坐 卿
卿弁入同門經弁少納言座上著
西座
弁少納言入坤角相分著座 弁史 西
少納言外記史 學生於坤角行礼

次一獻 寮以盛坏盃丸 少納言 學生取瓶子
勸坏人經座末向酒尸所取坏就
上卿座上方跪飲酒 或自唱 盛酒 平
立氣色上卿目之勸坏人飲之
又盛酒唱平揖之上卿取坏 勸坏
人取飲之入酒揖之次人
續杓飲之
參議以取瓶者傳坏於弁座

次二獻 少納言 其儀同前
次居粉熟 大學寮官人
居了申上下箸
次三獻 弁 凡自下﨟勧坏 其儀同
次居飯汁 或飯並居 居了申上下箸
次官掌立巽砌中 都堂巽東頭也
次外記起座 進上卿後 砌中申
次上卿已下起都堂 或不着饗座 直自座座移着 弁已下立座前 上卿出了
上卿依着把笏起座
更居次 經本路出 惧門 經廳東
南行 立廳前 經西廊砌 立着
靴 經西廊砌 入西廳東孫廂
北面 堀上 西折 副北壁 經座後 自
我座下方進立兀子前 揖着座
座前張莚

已次納言参議同経弋路右西上南面
論義之間各取蘘題見之々已懐中
大治二年秋長秋先例當相座前
不張蘘題之代召張不知故実
弁少納言入東孫庇南面著座
西上北面　五位外記史著後床子
六位外記史已下著東幄座式ア
但子生未著西幄座

次講者率座主及音博士　各著礼服
取巻座主　昇都堂後南階経
壁中子
南壁外壇上入自東孫庇南
壁外壇上入東孫庇南面北行
経壇上　入母屋南第三間讃者立
西高座艮角東面　座主音博士
相分登高座　座主西　音博士東　弟子相分
列立高座東西向立

次座主音博士音讀發題作揖讀
次座主訓讀發題揖讀同
次問者博士并學生等入自東
孫廂南面着柱外壇上床子北上西面
六位問者着南砌床子東上北面
次寮屬入自東孫廂南面至問者
高座下取如意至并少納言
座自上臈次東行度之

一也下全不臨手也
到問者座授之
第一問者揖笏取如意起座経
床子後隠南壁着礼服排
湊問者持如意揷笏経本路参
進自壇上柱外北行入母屋南庇
二問至問者高座東邊北面立
交揖申官位姓名再拜一揖
至高座北階下又揖既昇高

座又揖
次論義　二度
問者發聲之時座主置笏
取麈尾
論義訖問者置如意抜笏揖
退降着座揖経本路隠南
壁脱礼服着靴自円座後
廻座

次二問　三問
已上作法同前但六位白礼服也
問者雖満十人負数論義不必
盡数
次座主置麈尾取笏
音博士相共降自座経本路退
下　賛者在前以入儀
次問者博士并学生等経本路退下

次上卿已下起座（弁已下従下﨟立）経下﨟前
退出（或先弁自下﨟立連之後宰相、次納言自上﨟次第也）
著北廊壁外兀子（東上北面、経座前、然之無揖）
大治二上卿宰相西上、云々儀東上也、存之
随上卿命
本寮都堂儀件廊子巳礼立後
廊外近衛府章東廊外、雖須退巳
礼立廊外、西廊北砌有障無路也
於諸道立之所、但西廊床子当于
度座事記、不忘之故也、三両儲式座
可無妨依所便也
次弁少納言経本座退下
次外記入北廊戸進上御前壇
下申装束了之由
先是儲三道出論座先例也

次上卿已下着堂上座其儀起壁
外座一揖入東孫庇北面〈如初〉経母
屋北一間渡座上経我座後下
方着之〈上卿着西座東面〉
容儀入孫庇北面自北第一間入座
斜行座子後着之
已次上卿相揖〈東面〉
上﨟次座〈西面〉下﨟経上﨟末

座西着東座座子有之〈下﨟也〉
着本一座流之末
連標四座相二人相並着之〈北上西面〉
次弁少納言外記史入東孫庇
南面相分着座〈弁史東　少納言外記西〉
六位不着之
次造酒正引酒〈正西座佑東　両引唱　手水前之儀〉
上卿取盃時拝揖於本座下
或宰三盃巡盃前如此

撤後不祀物
三献皆同
次上下立箸須臾抜々祀物
次上卿已下起座出西廊砌
上卿出中戸
各儀自座下出北第三間出庇
一説斜過西間少出庇
北戸奉行諸役人不用之
各脱靴着浅履着廊砌座之橋
南上西面
又説北上
此後宴穏座浅履也
次弁少納言経本路昇下外国南廊砌
此間所司改俎上饌
次外記着乾角壇下申宴座
装束説由

次上卿已下着宴座　座如本

上卿入中戸若西座　自座下着

参議同着本座　路如出時

次弁少納言外記史入東腋庇南

面着東座　西面　六位外記史〻二度　召之

次文章博士文人経同路弁

座末着西座　東面

次三道博士入東腋庇南面自同砌

上北行着北東一間砌席子　南上西面

次三道学生六人入一道各二人　入東腋庇

南面経末弁奥着西壁下北

東一間席子　北上東面

次直論　明経稱文章生　明法稱学生　算稱算生

先明経博士先召答者並学生名

学生立唯進答者席子西辺

向南中官位姓名再拝々居南面
次召問者名
學生立唯問者座子退南向南
立中官位姓名再拝着座東面
次答者中立中毛文也
論義二座 或一義二座也
次明法
次算 已上作法同
先三明法博士不参明経博士二
明法學生名々例々用此儀
天慶五年博士不参仍正筆道論
義人無之次後退此例
學生不参時無論義 永暦

次學生退
次博士退 各本路
次寮下撤 僕置紙筆机上 但已下
庭前

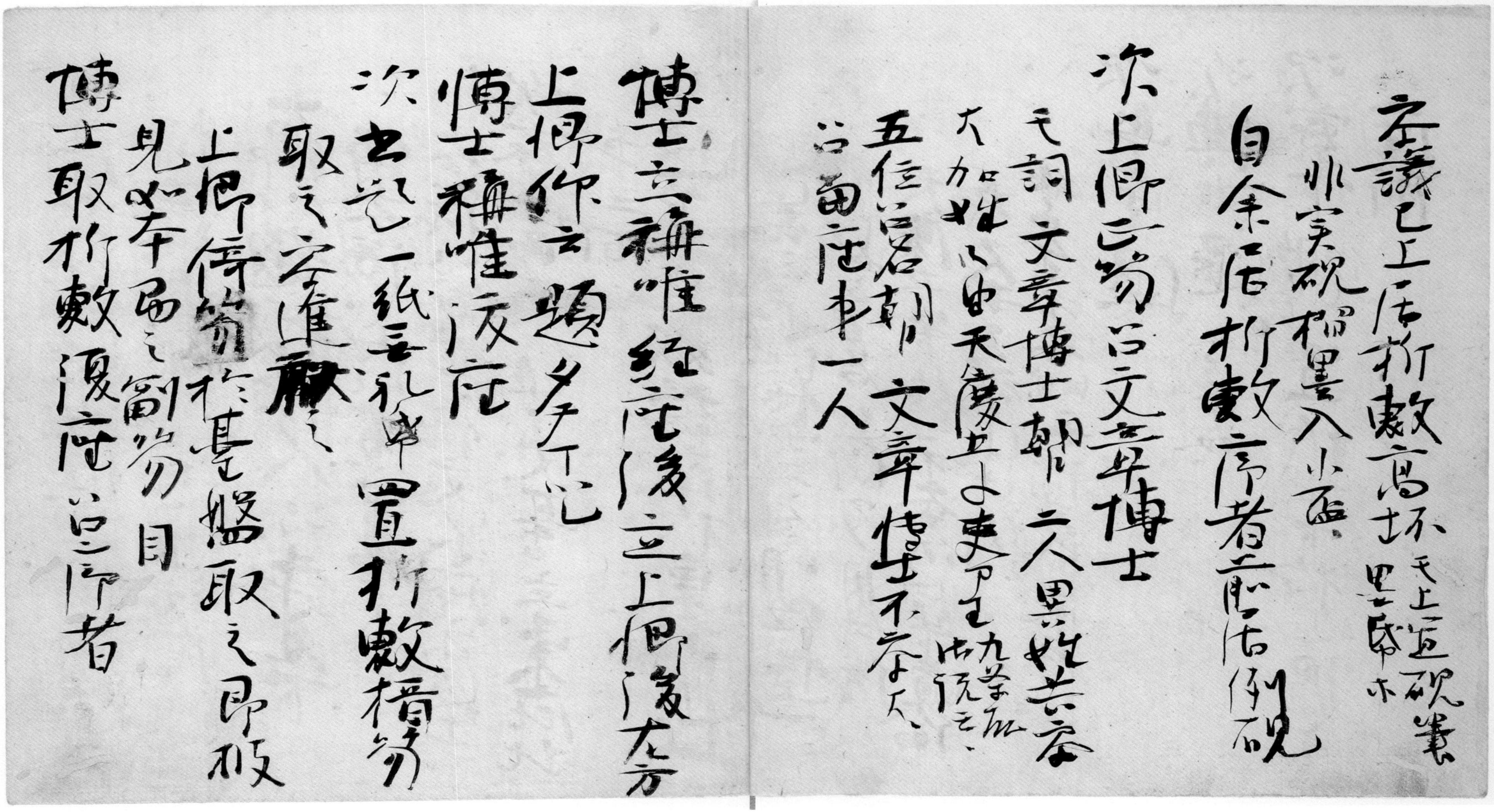

序者 𦀌人並序者 皆着青色 進立博士後
博士序〻序〻者唯頭座
上卿以題授次人次第以下
傳容儀以時以寮下傳之
左儀以寮下傳文人座不返上
次寮屬二人昇文臺立東庭北
手二同
次標下寮敷穩座於東北角同
進上並九子座子寸納言東西北上
次儀北面西上弁少納言左右後
次東退傳士西面南上上卿前立
座子置詩料也下東立座子為
講師座
此間寮下居聯明以猪敷高器備
不待居説合食之以取小物入懐紙也 〻居机傍
餅 栗 粟 粟 四坏也
次造酒正取坏 近代無之

次序者文人等置詩 置文臺下
及四五枚之間寮允取文臺 立管
立座東邊
次上卿已下移著穩座
直經座上自穩座孔子下立座
揖畢
参議自北第二間出座畢之
参議已下諸之後使傳給讀師外記

次文章生外記使上卿召畢之寮
允一人執脂燭授講師束
大鉢入油以脂燭挿十條之
上卿召勧學師之人於文章博士
儒 無文章博士 博士中若仁之人上座
仰不召也 文章博士召之 無指依法
得業生就之 至之故人
以代其事召之 兼之告知可召各

講師経儒者之後復北座之休了
講上臈詩之後下臈参来不可講
毛詩　天暦了
讀師以記次第展置詩於机上
始自序次第講之
納言以上臨期給詩於讀師（或置在机）
上臈詩頌聲不絶同起座
出西面中戸退出

3286
1 53
天理図書館
439462
昭和四三年六月二十日

御産七夜次第

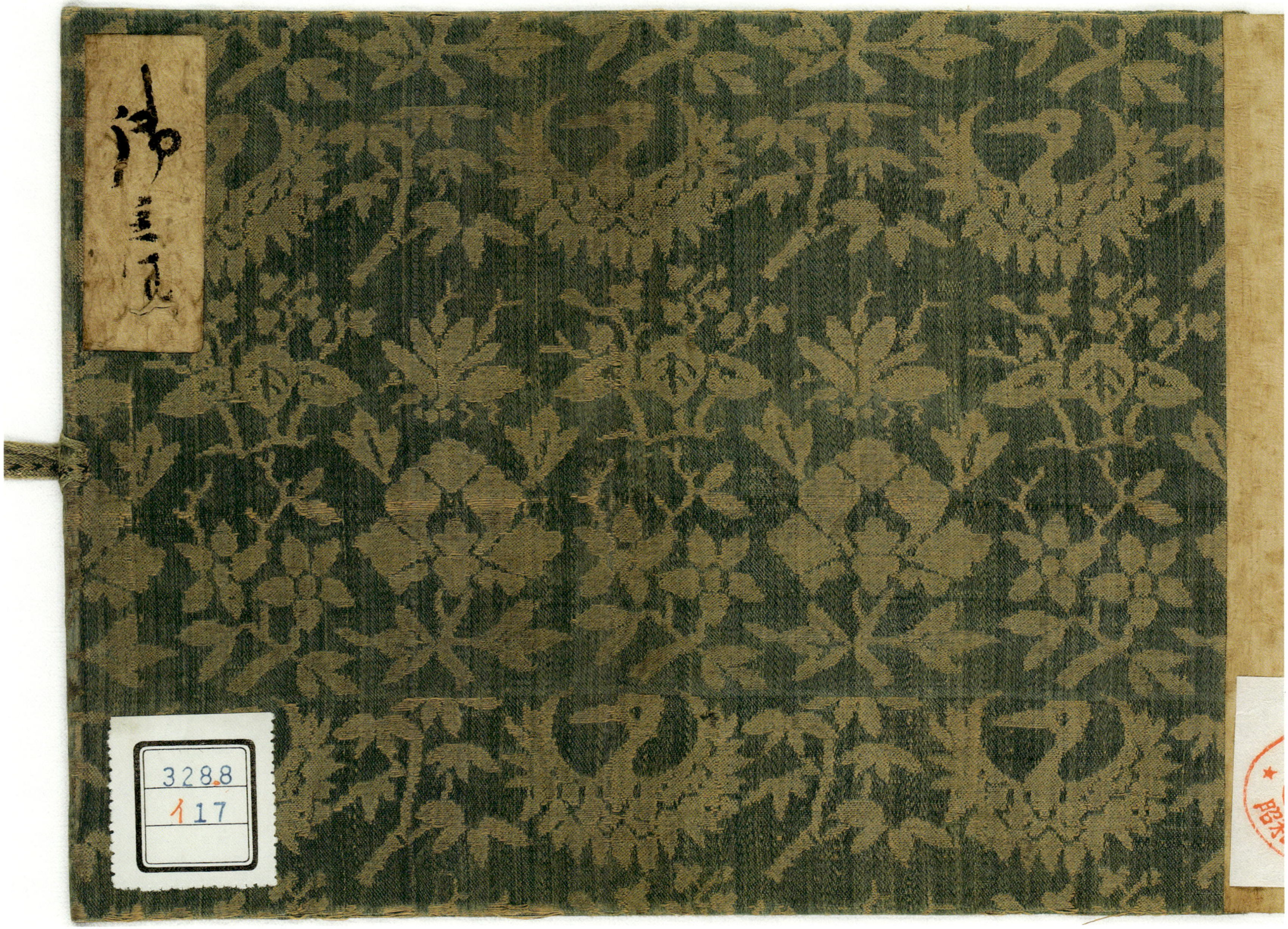
328.8
イ117

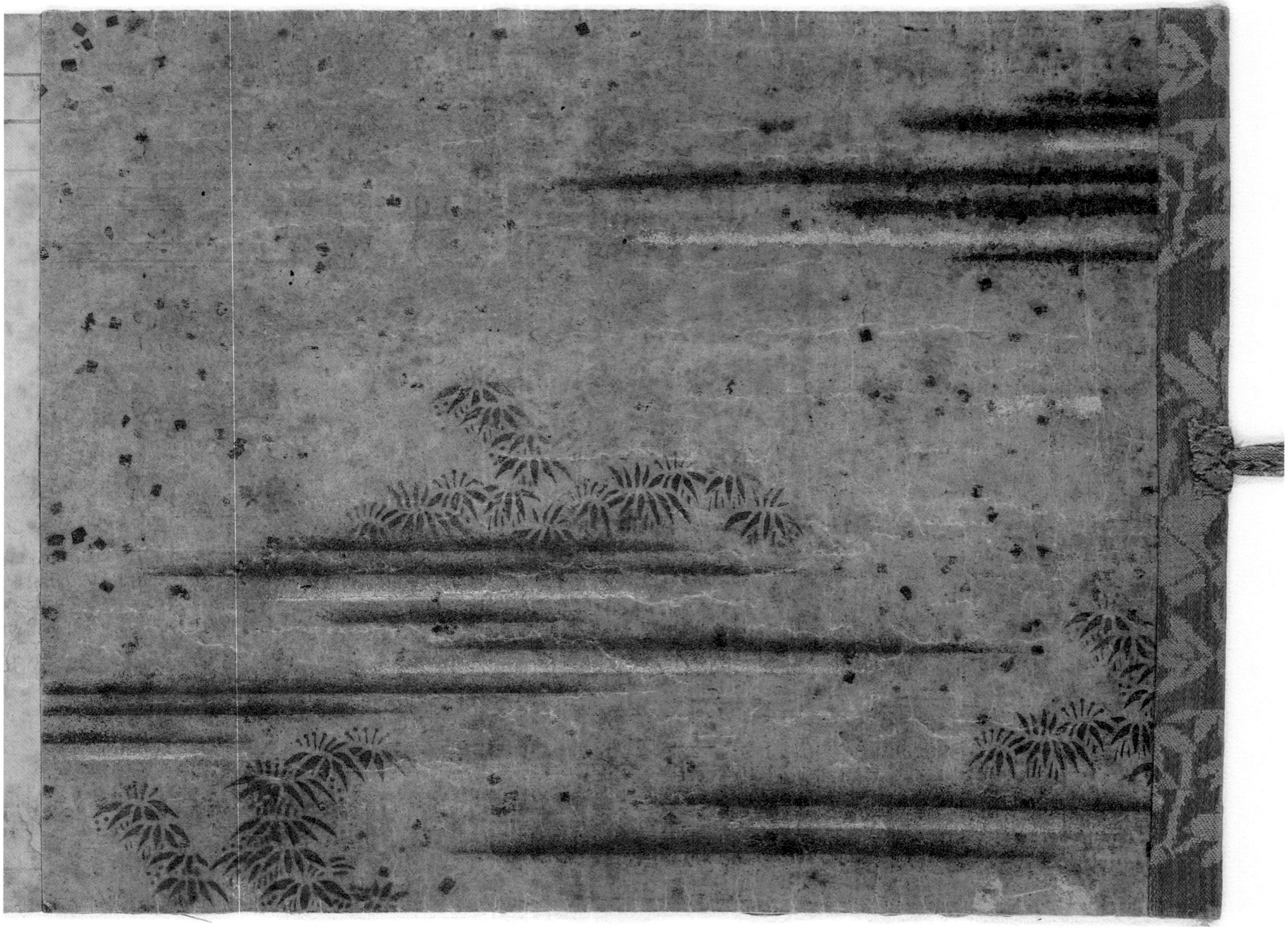

御産七夜次第　見返し

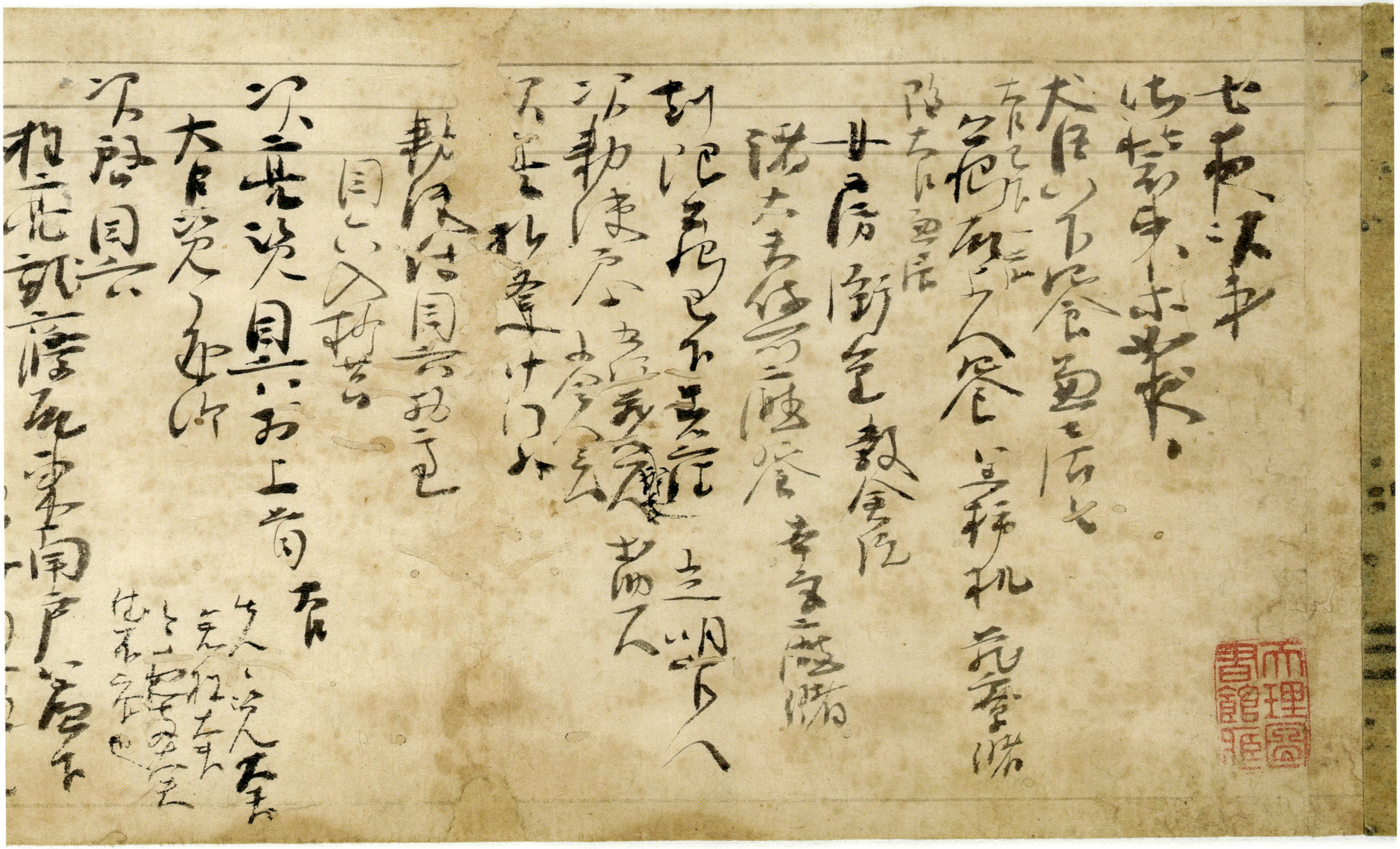

（2）　（1）

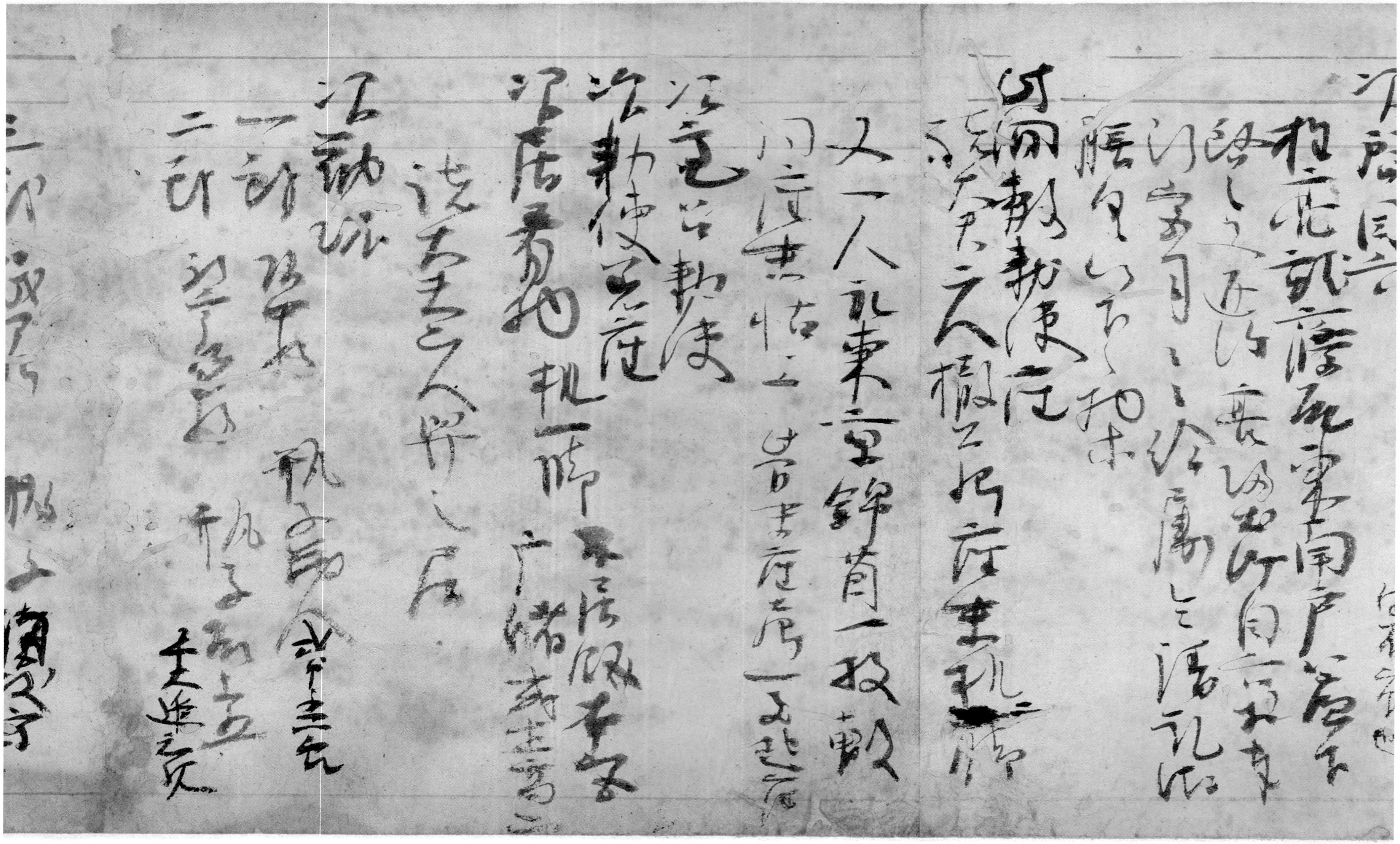

（4）　（3）

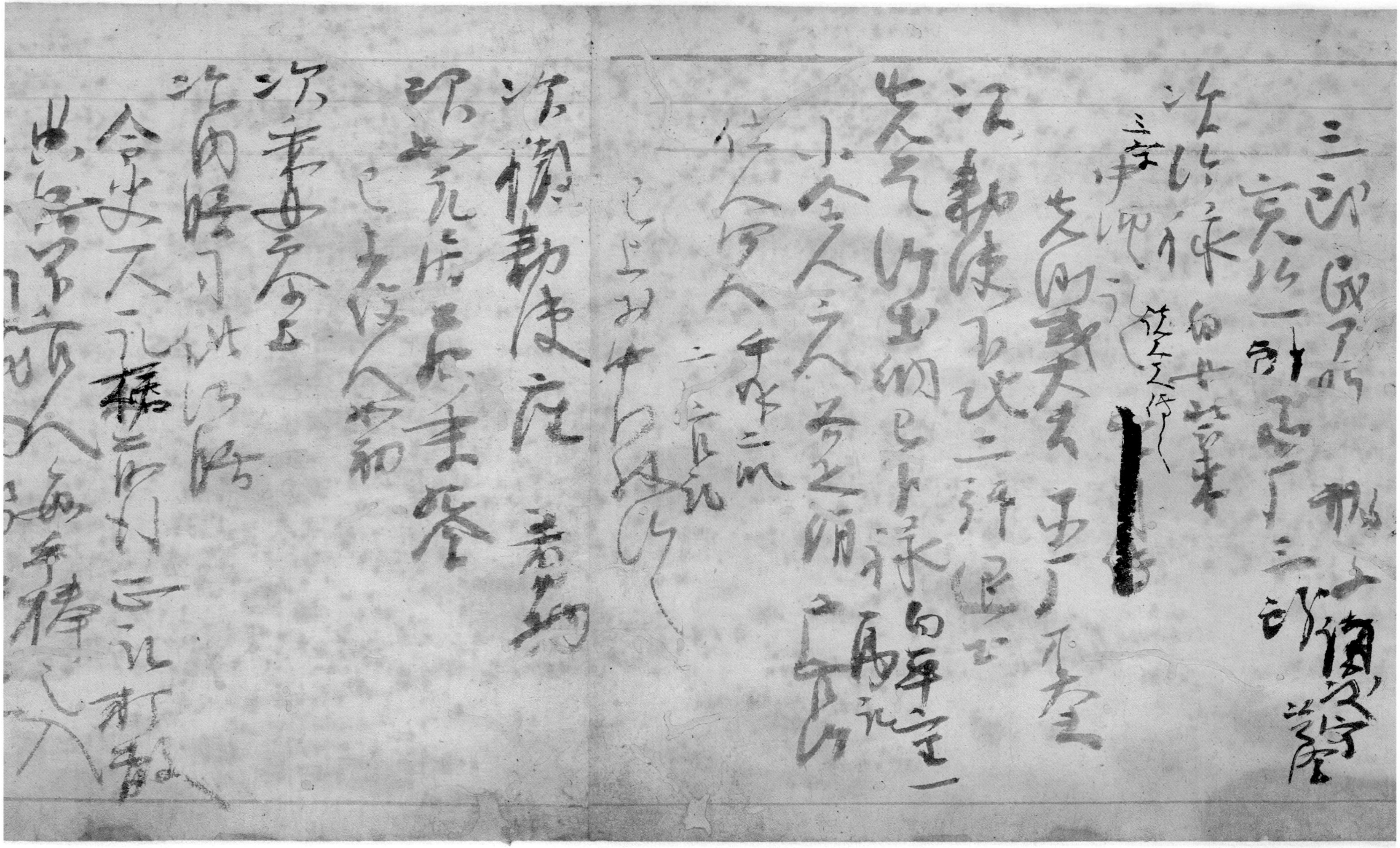

（5）

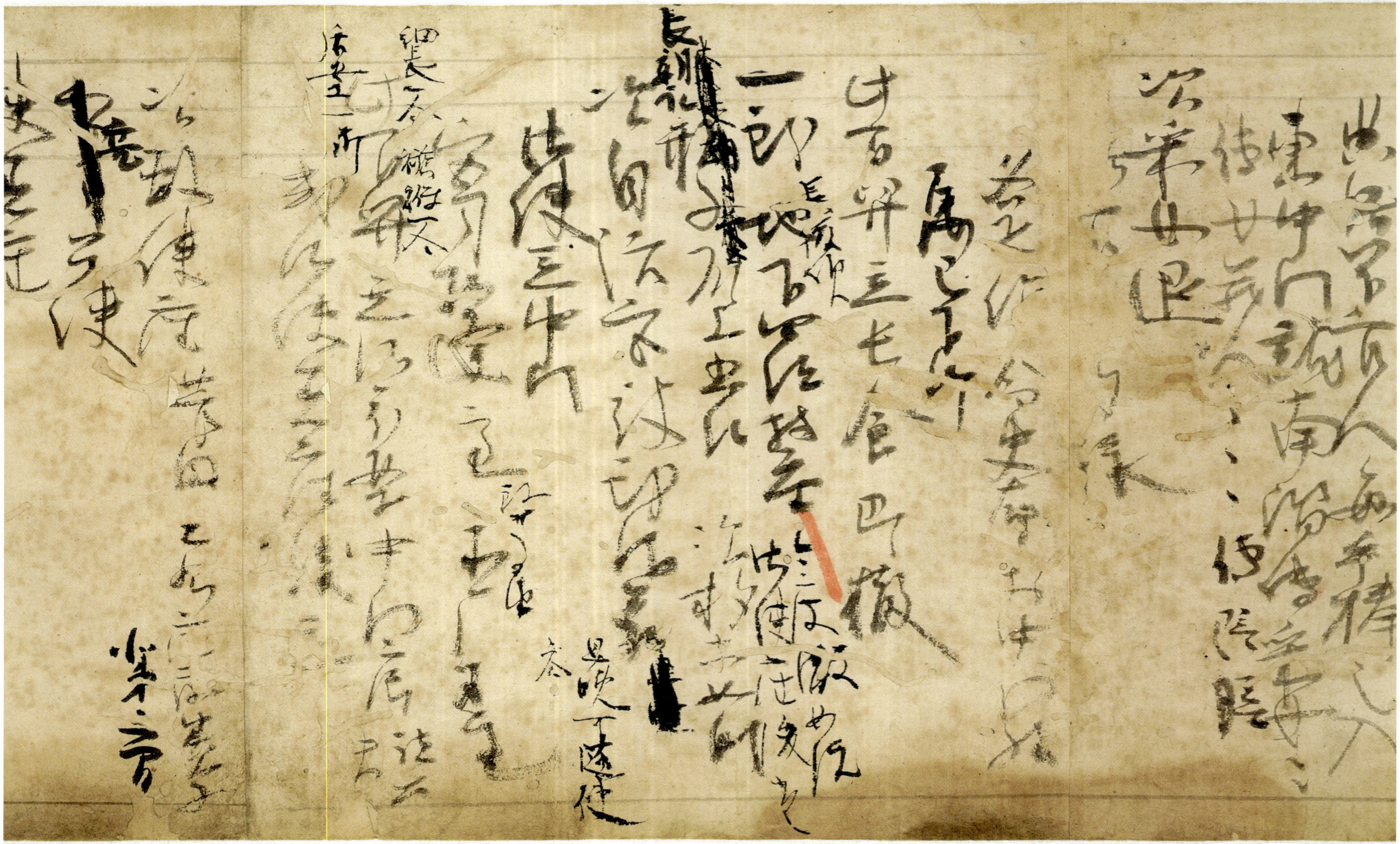

（7）　（6）

(8)

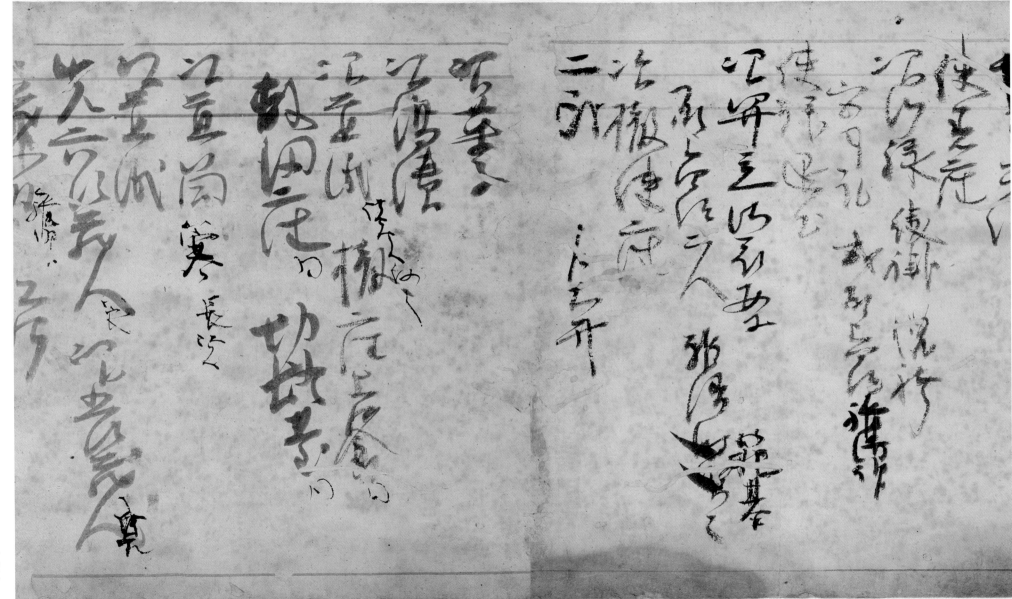

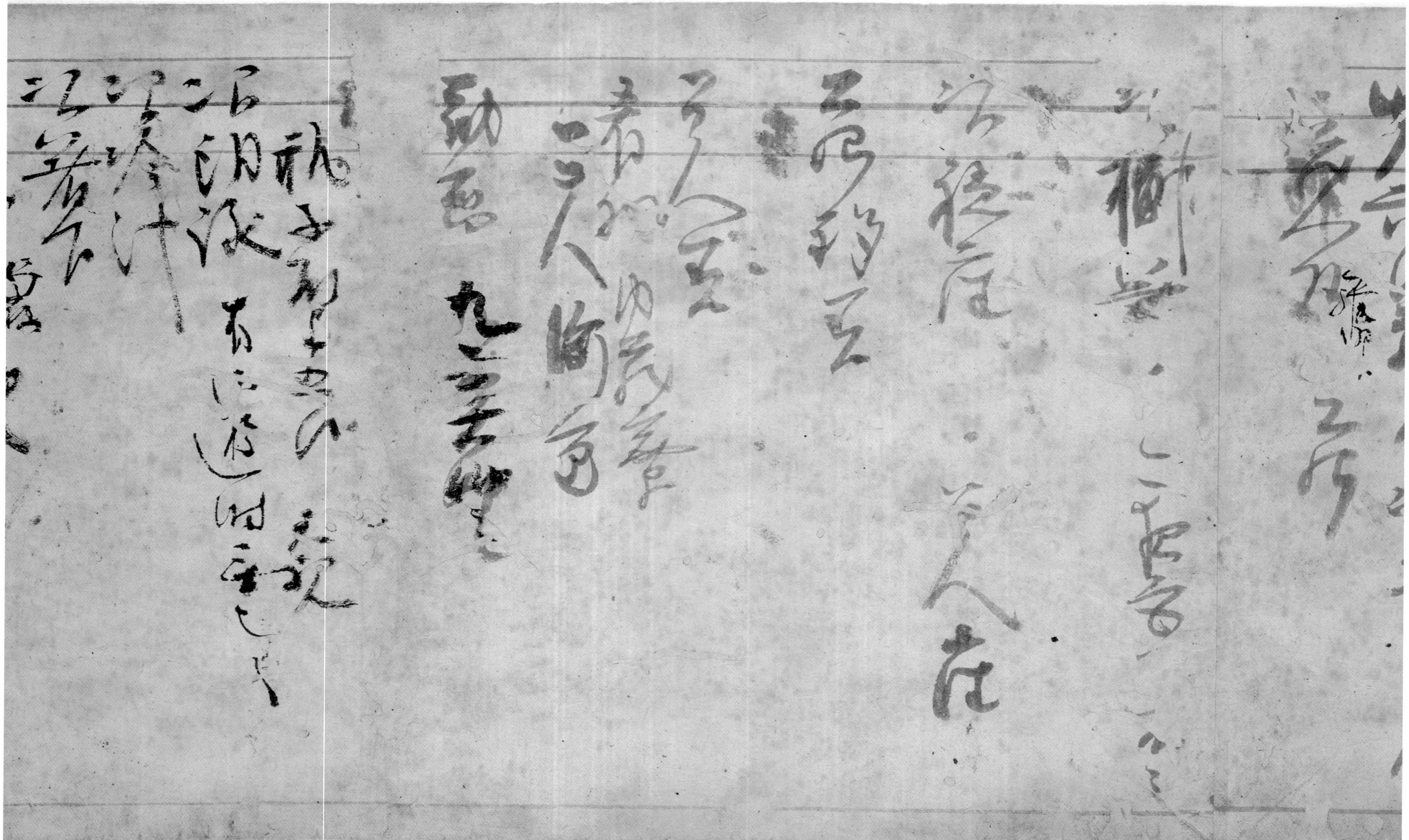

(10)

(9)

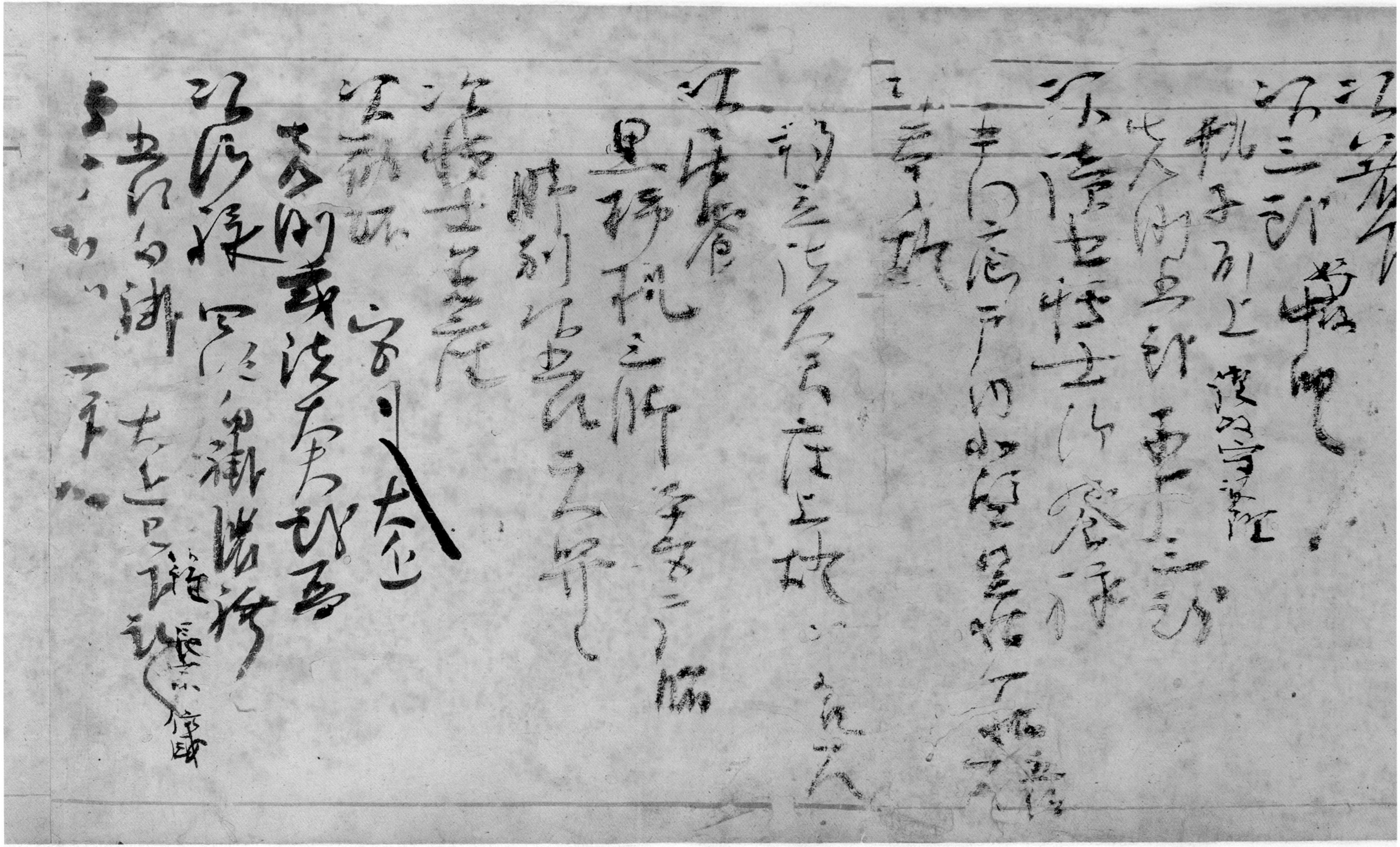

（12）　（11）

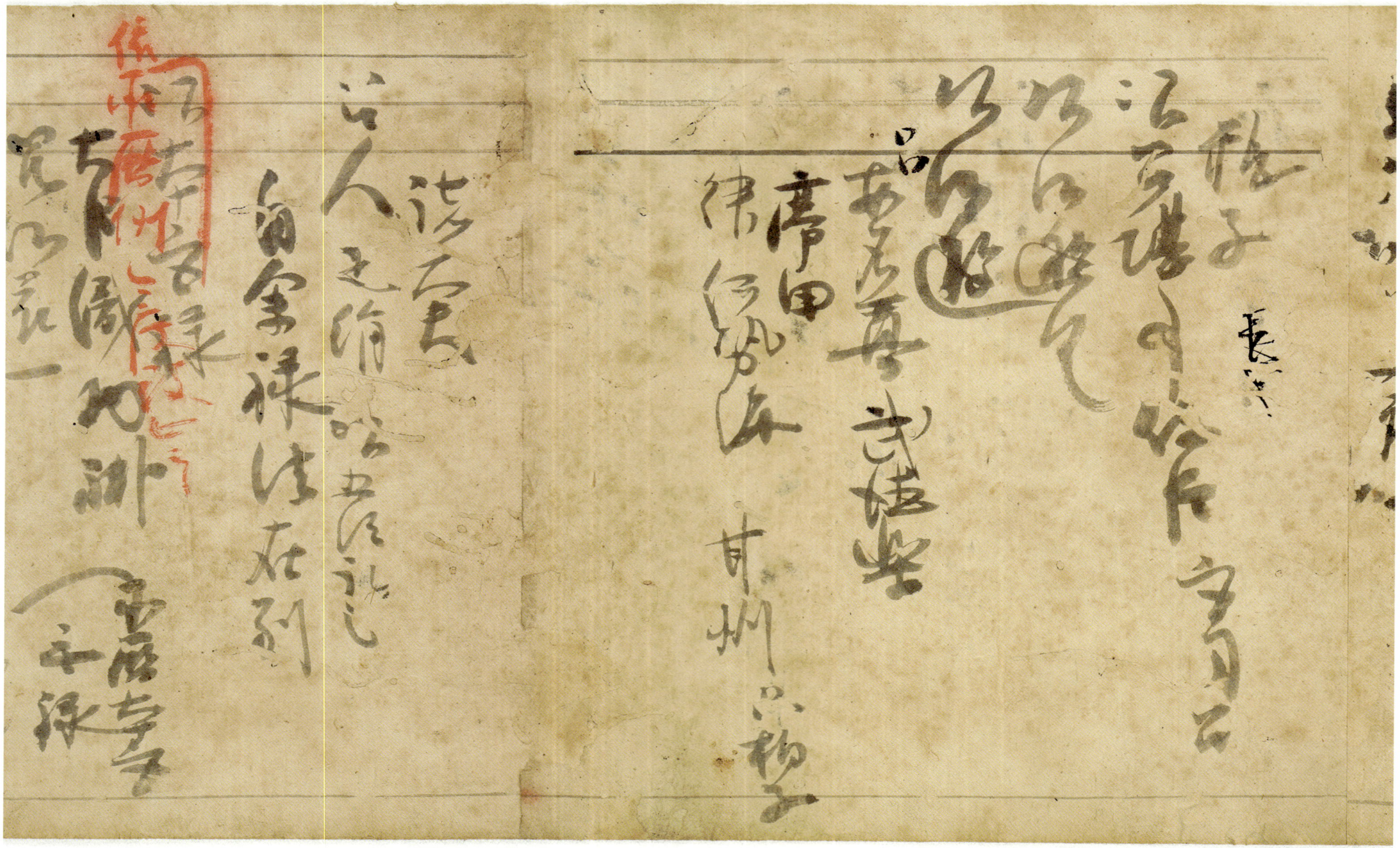

（13）　（12）

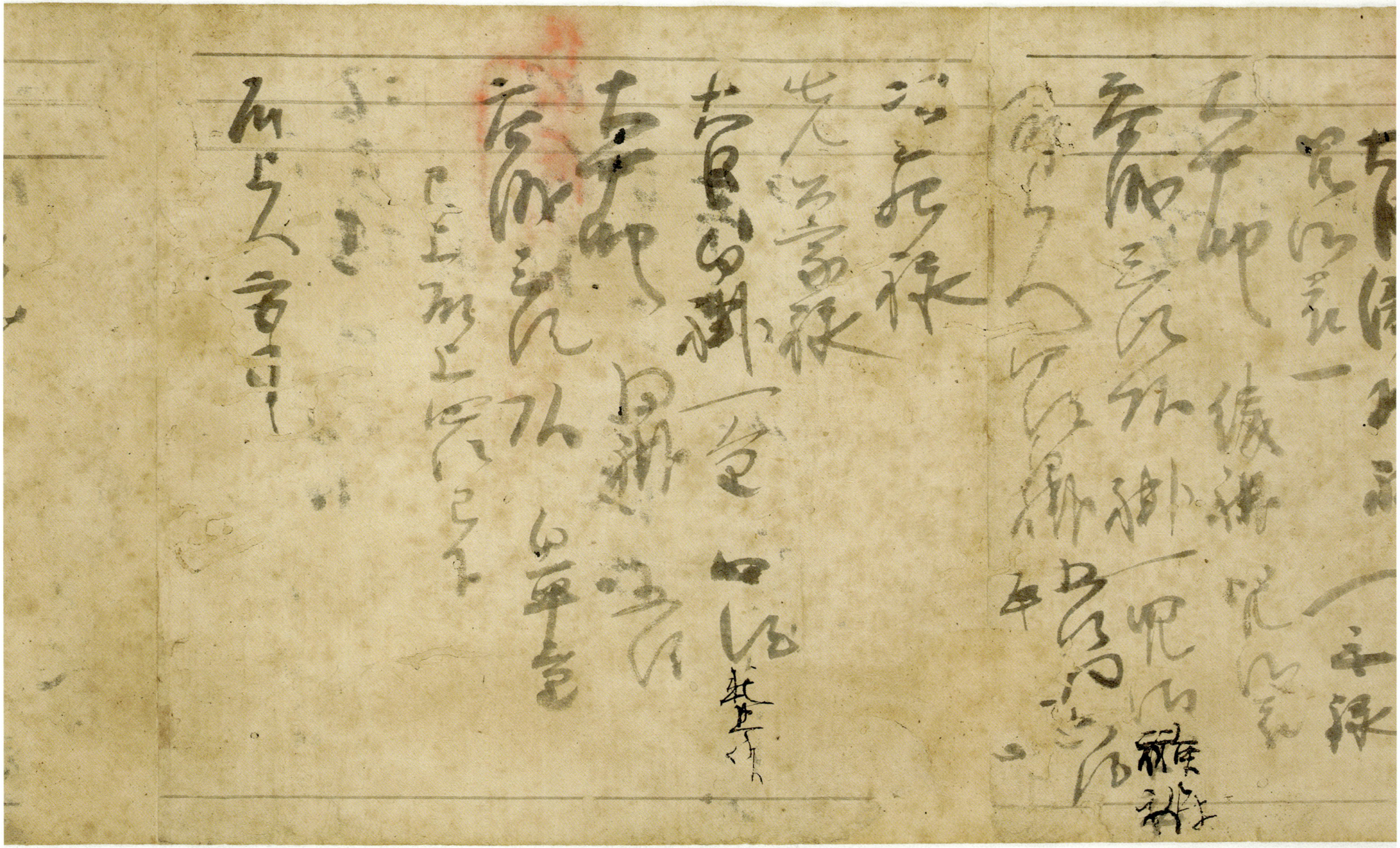

（15）　（14）

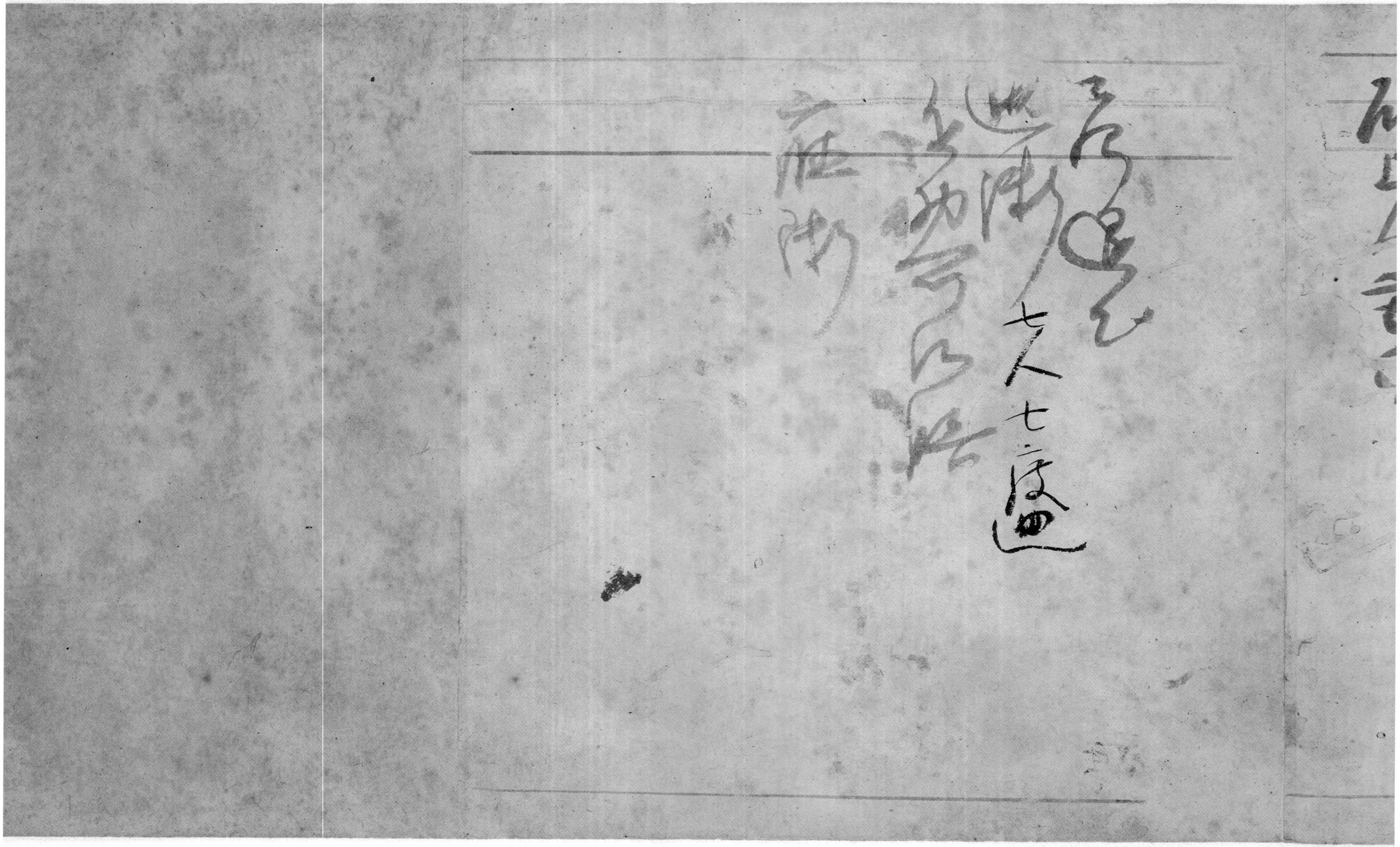

(15)

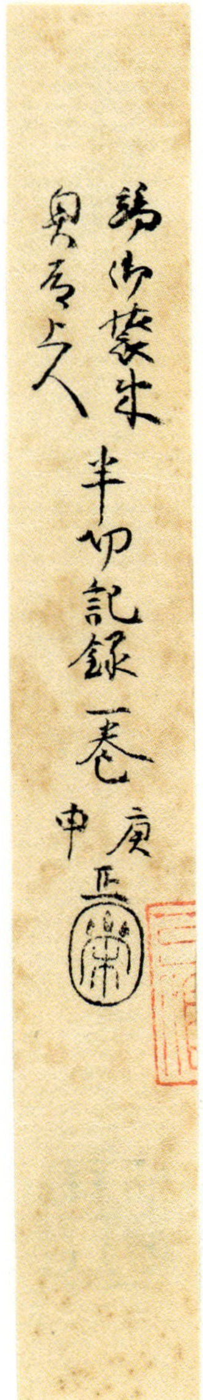

極札③裏

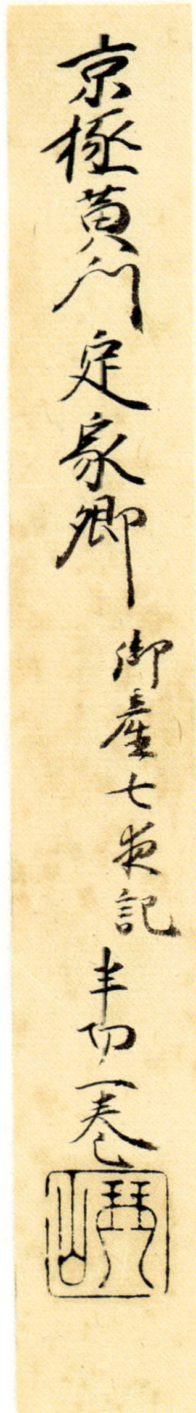

極札③表

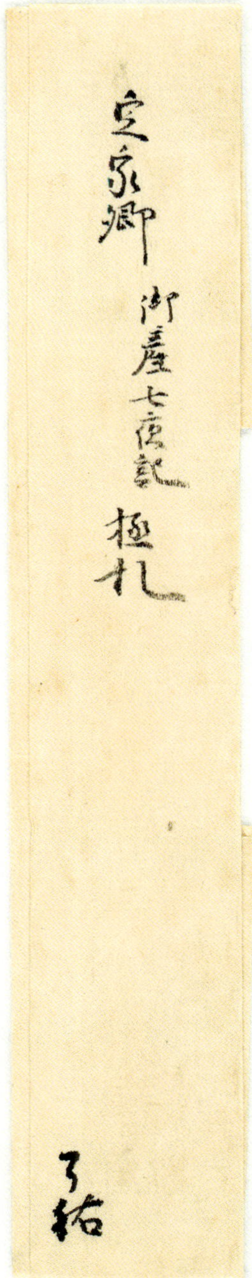

極札③包紙

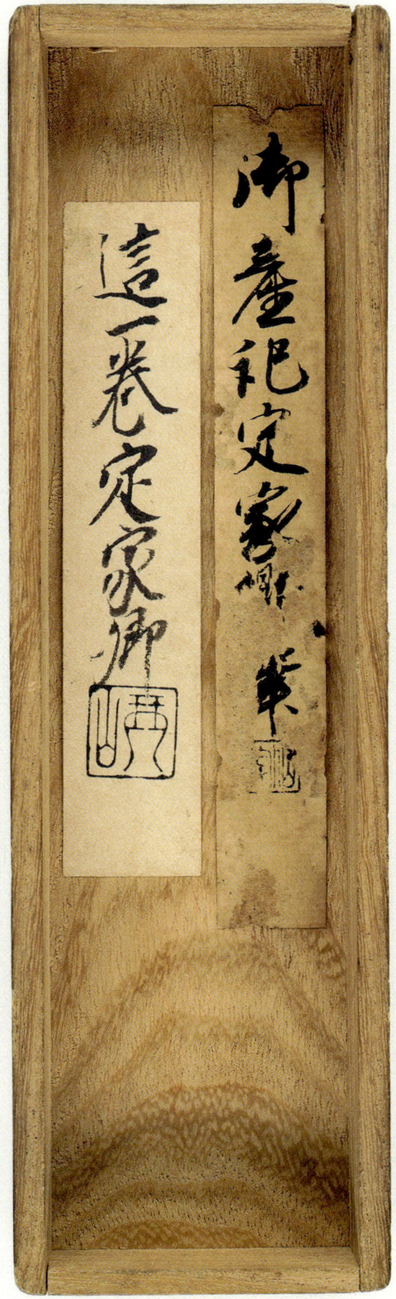

極札①・②（箱蓋裏に貼付）

定家小本

定家小本　表紙

天理圖書館藏

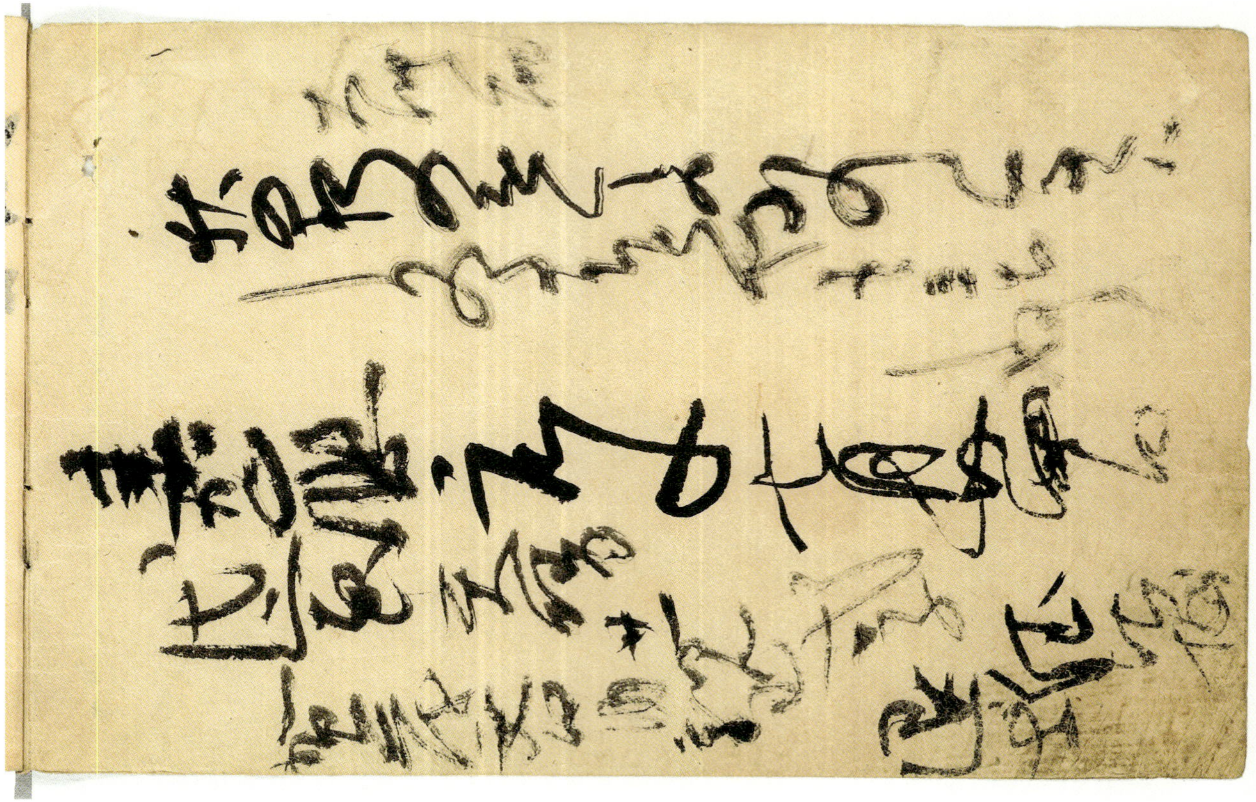

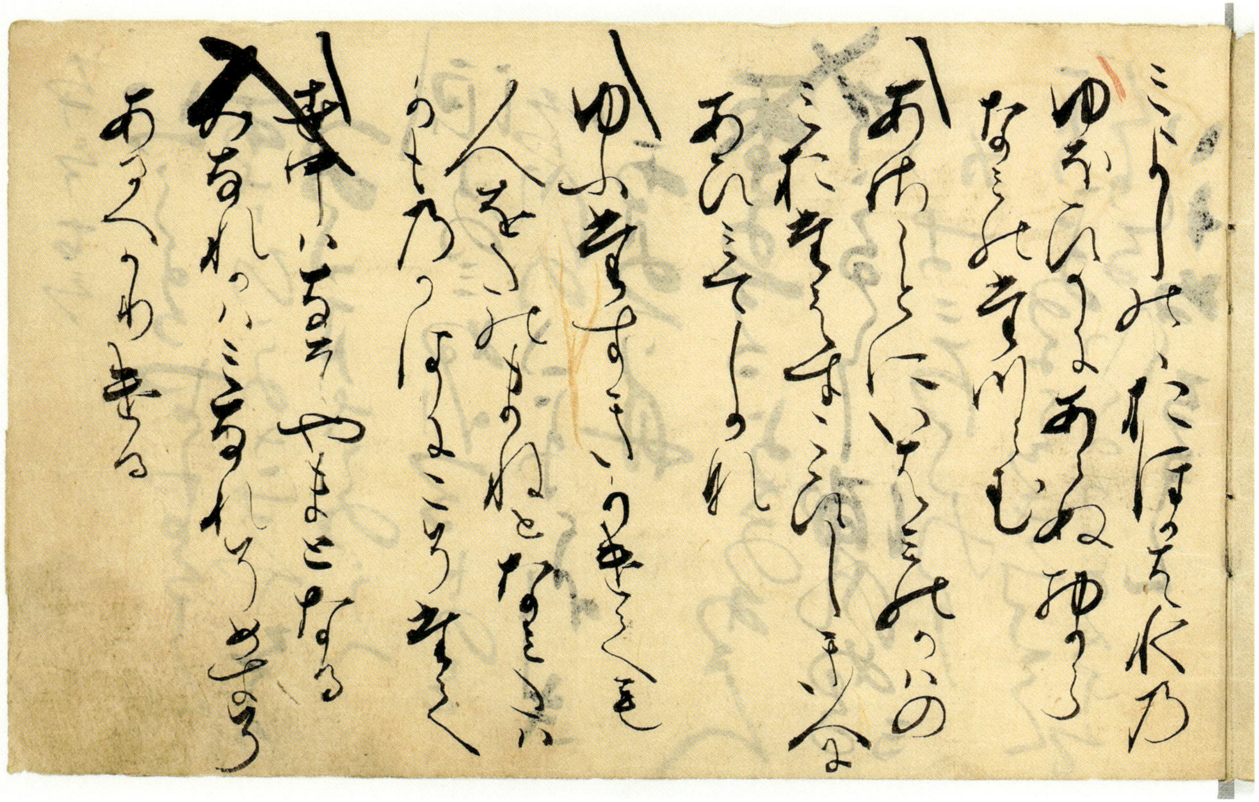

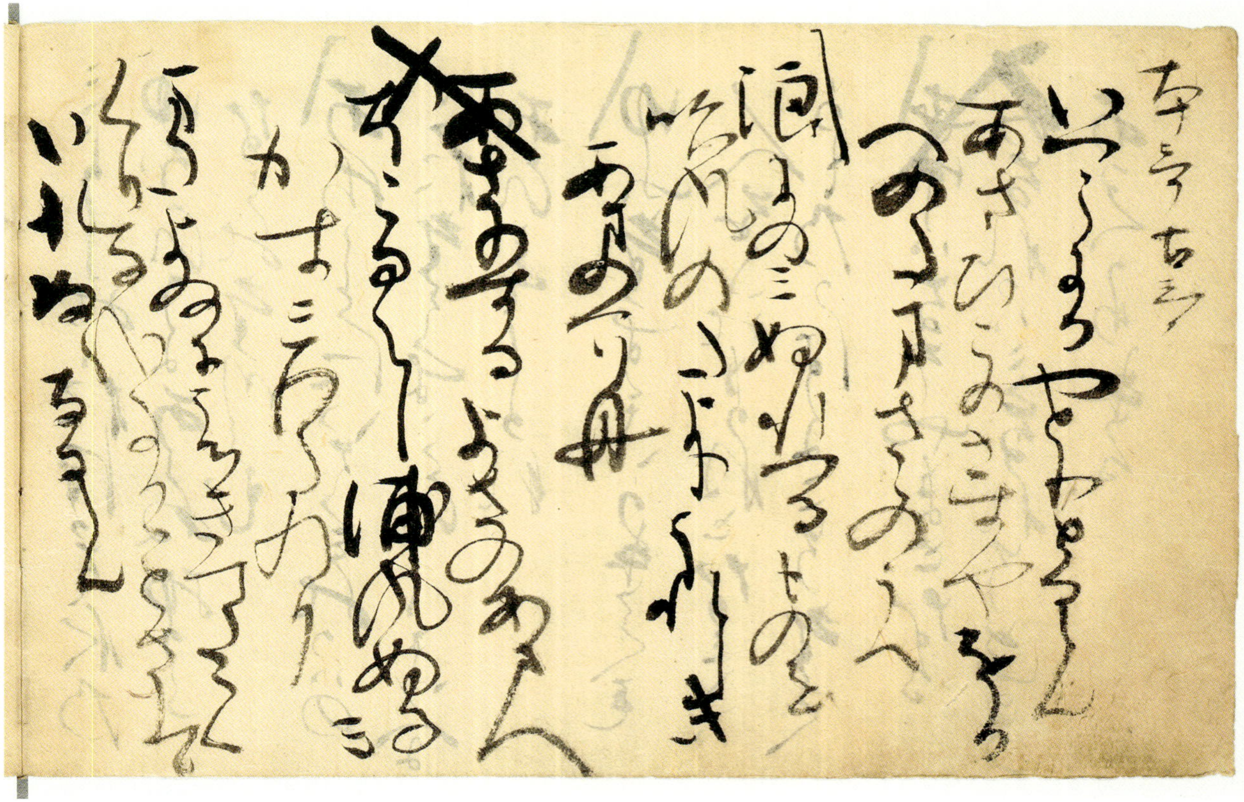

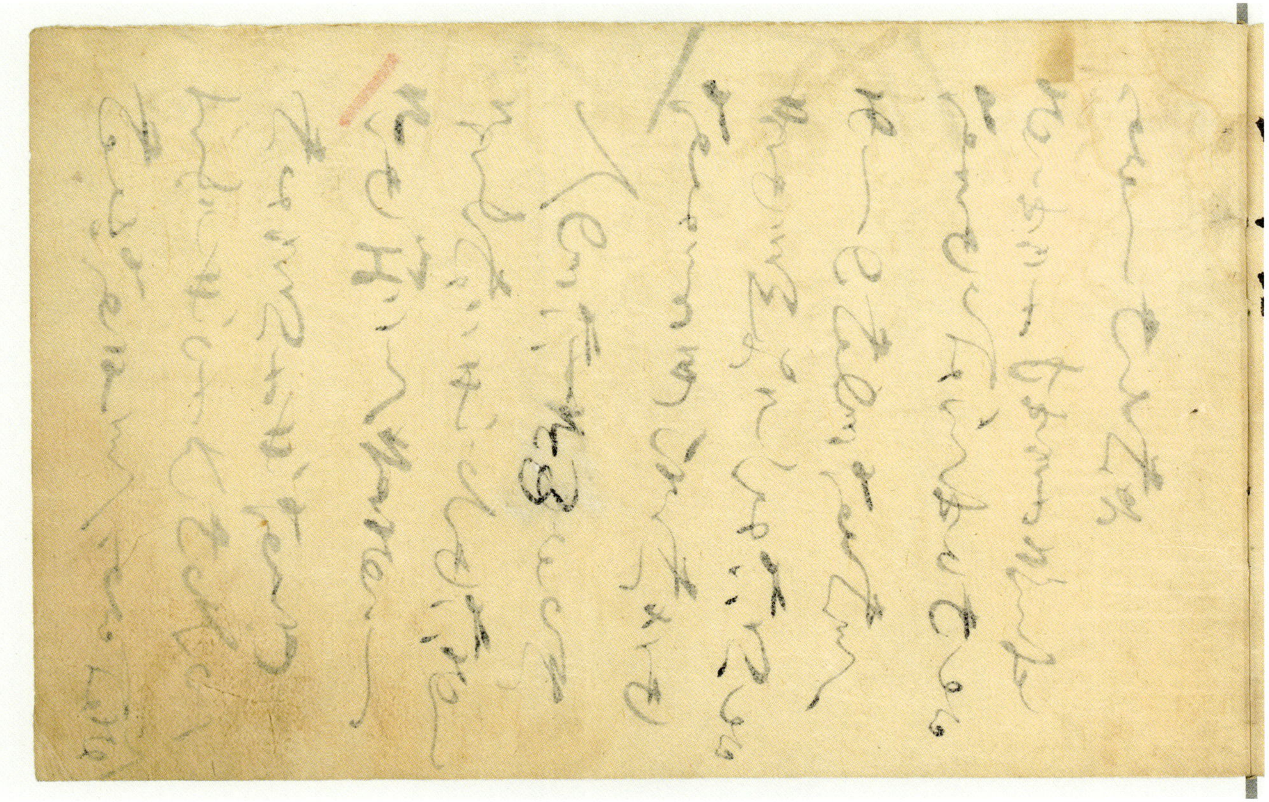

ねふたのすさくらるはゐ
てふきゝつゝもわかみつく
ねならひもきゝなすらむ
ふか江にくさをなし
そうねきゝつゝあはなり
人のこたゝれゆゑかれ
なのよことをいそれさわ
きめミりみてつまたひる
あしのねのなかれく
なきつらはてゝせうわるゝ
あらせこと　やせもなすす
らかしわかれぬ

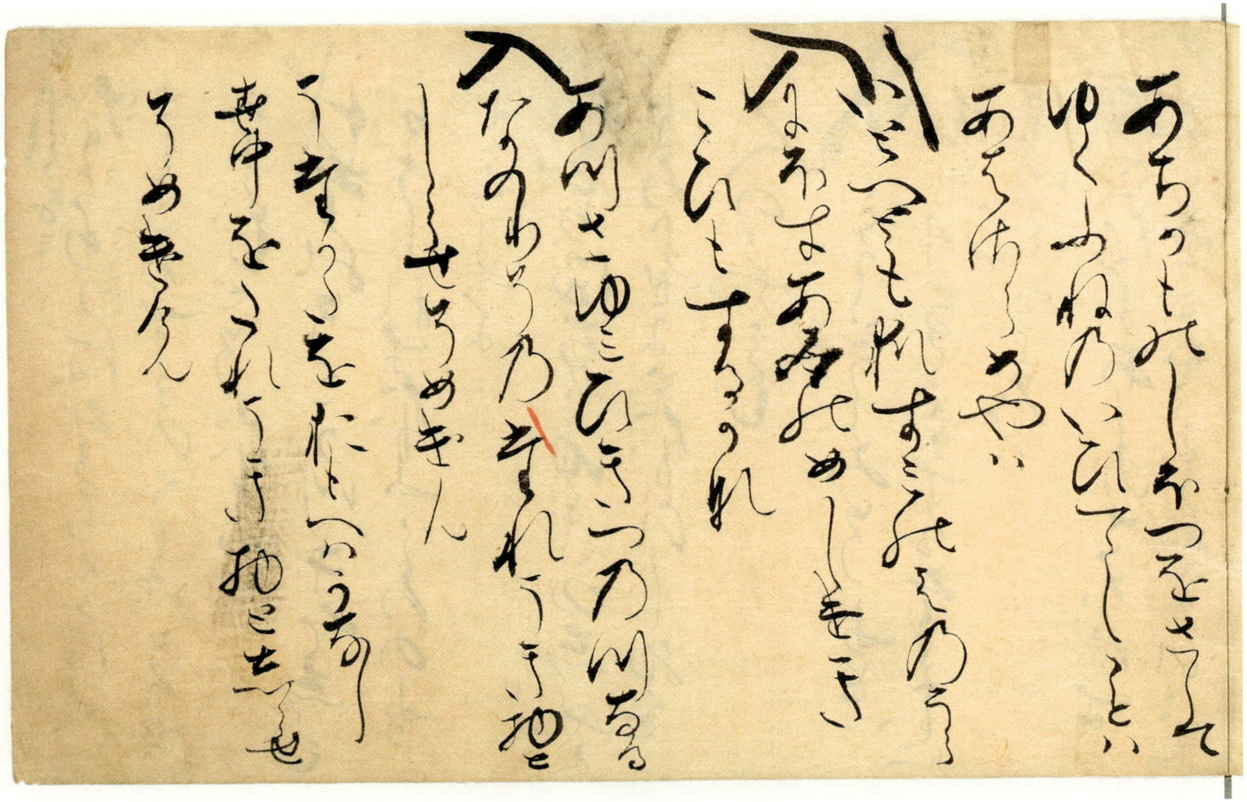

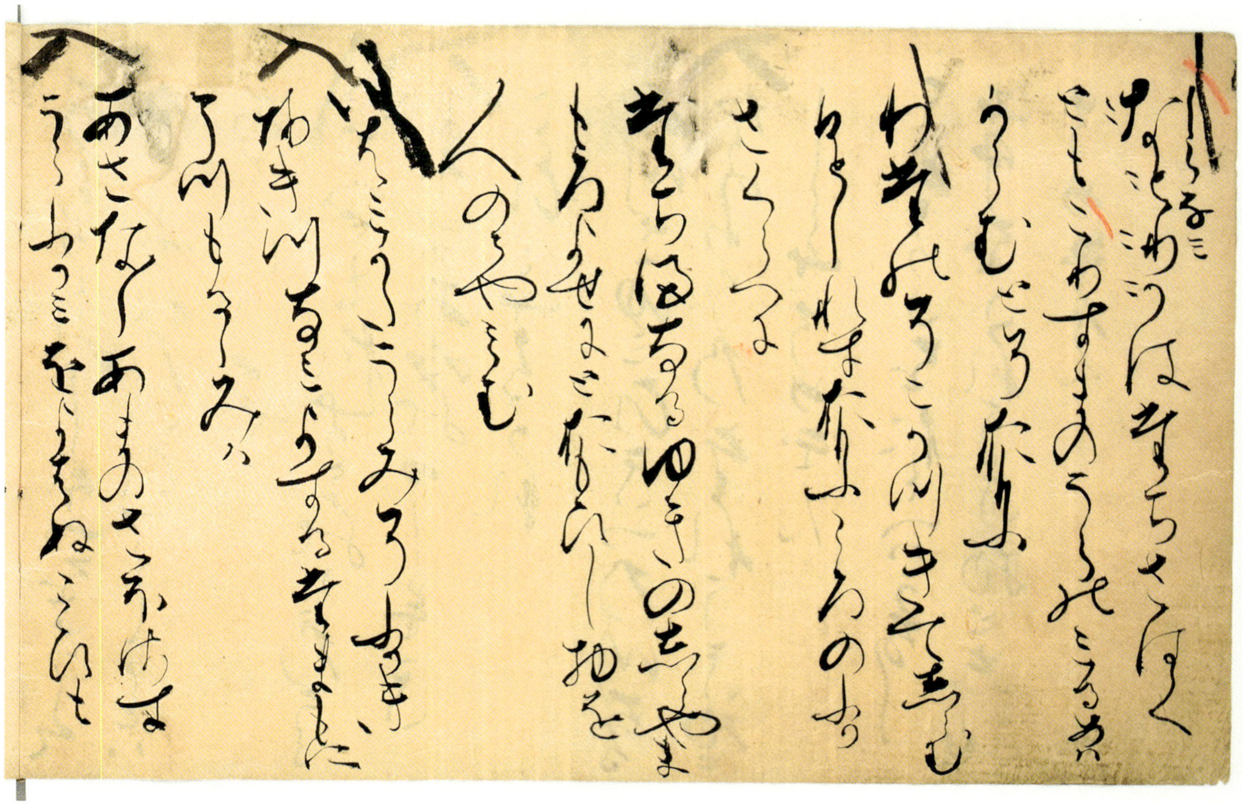

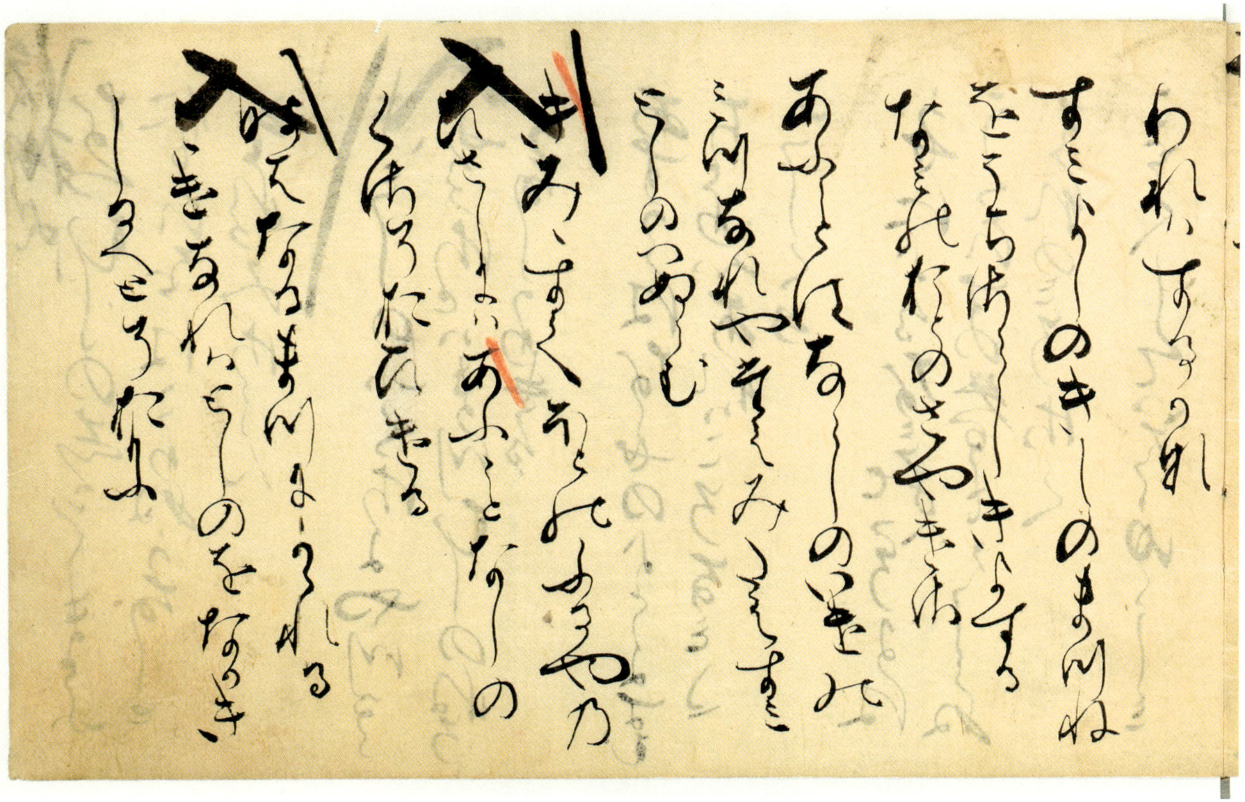

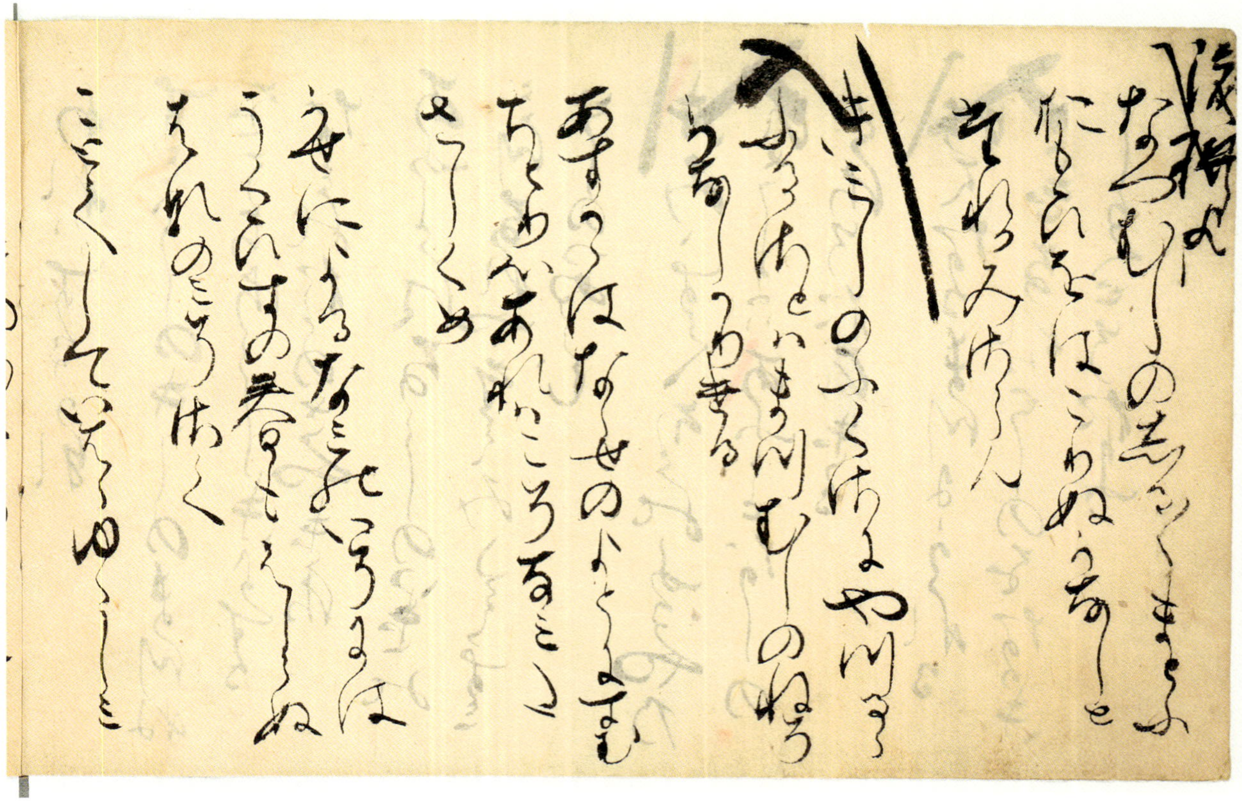

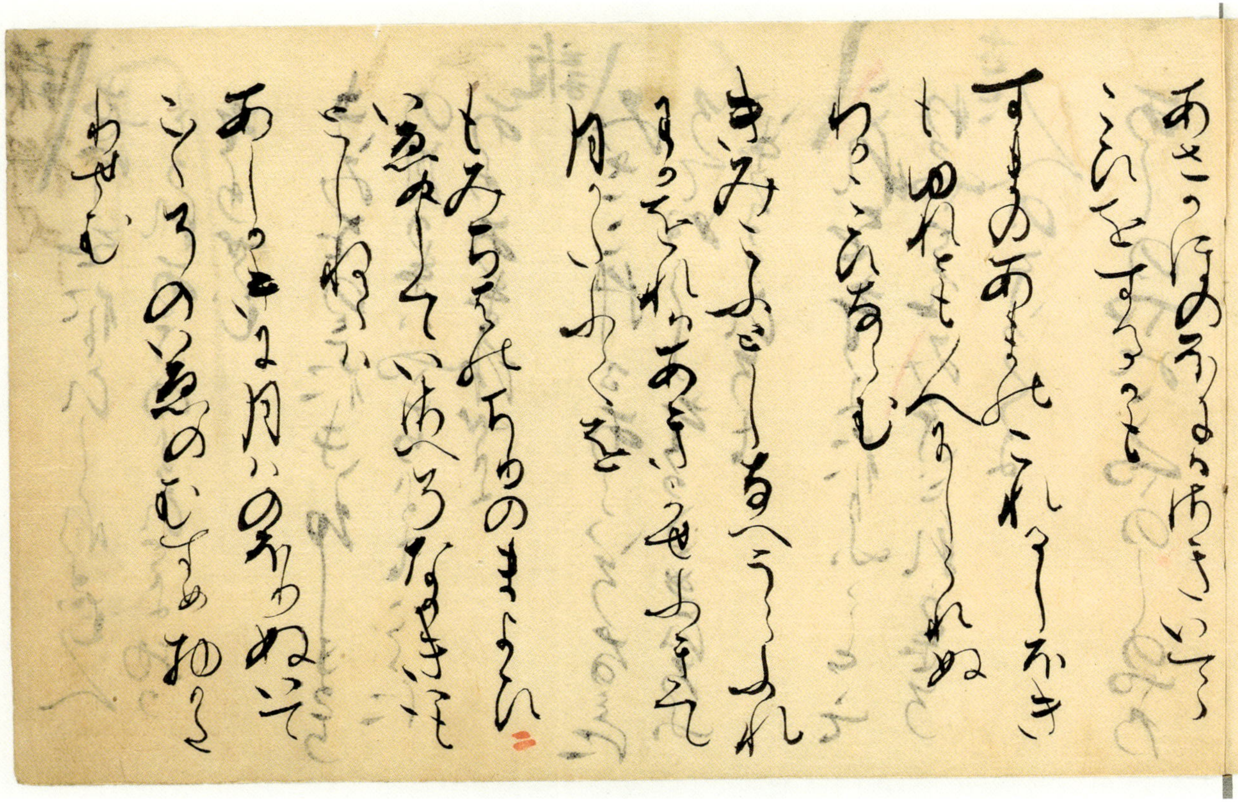

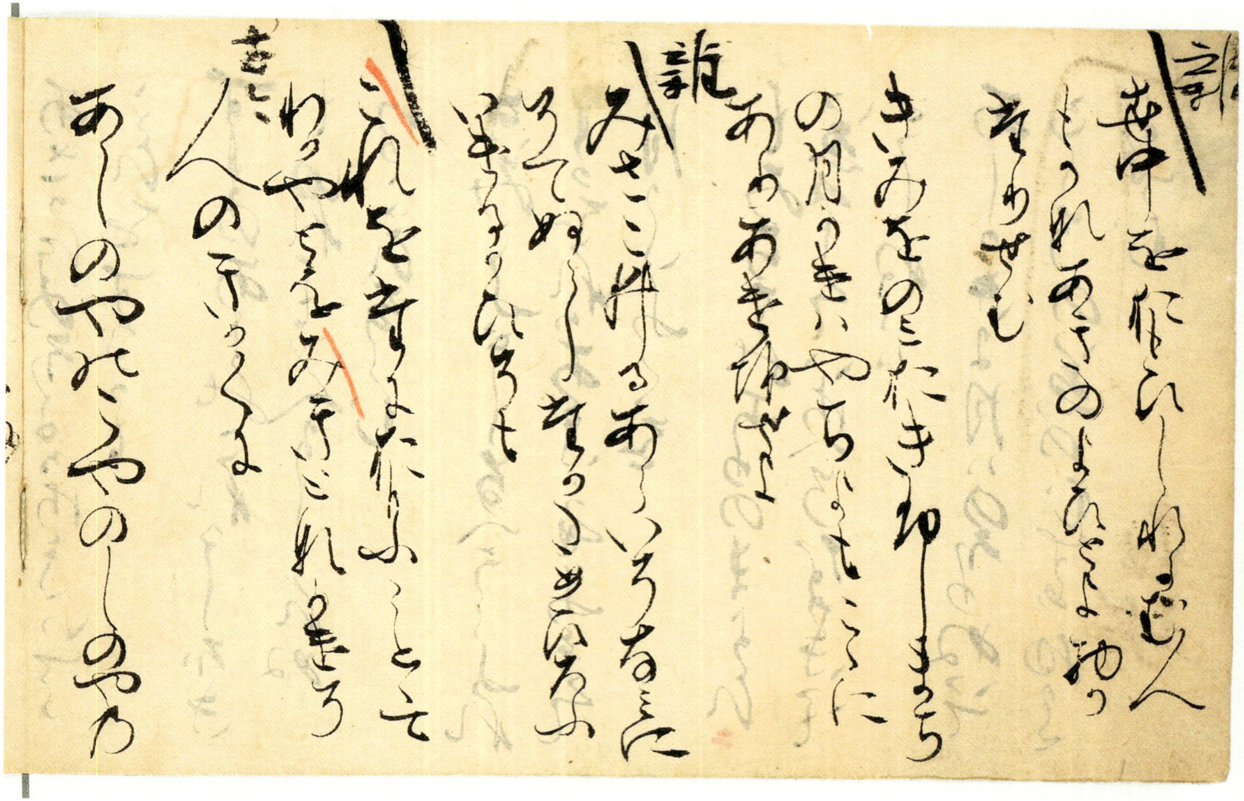

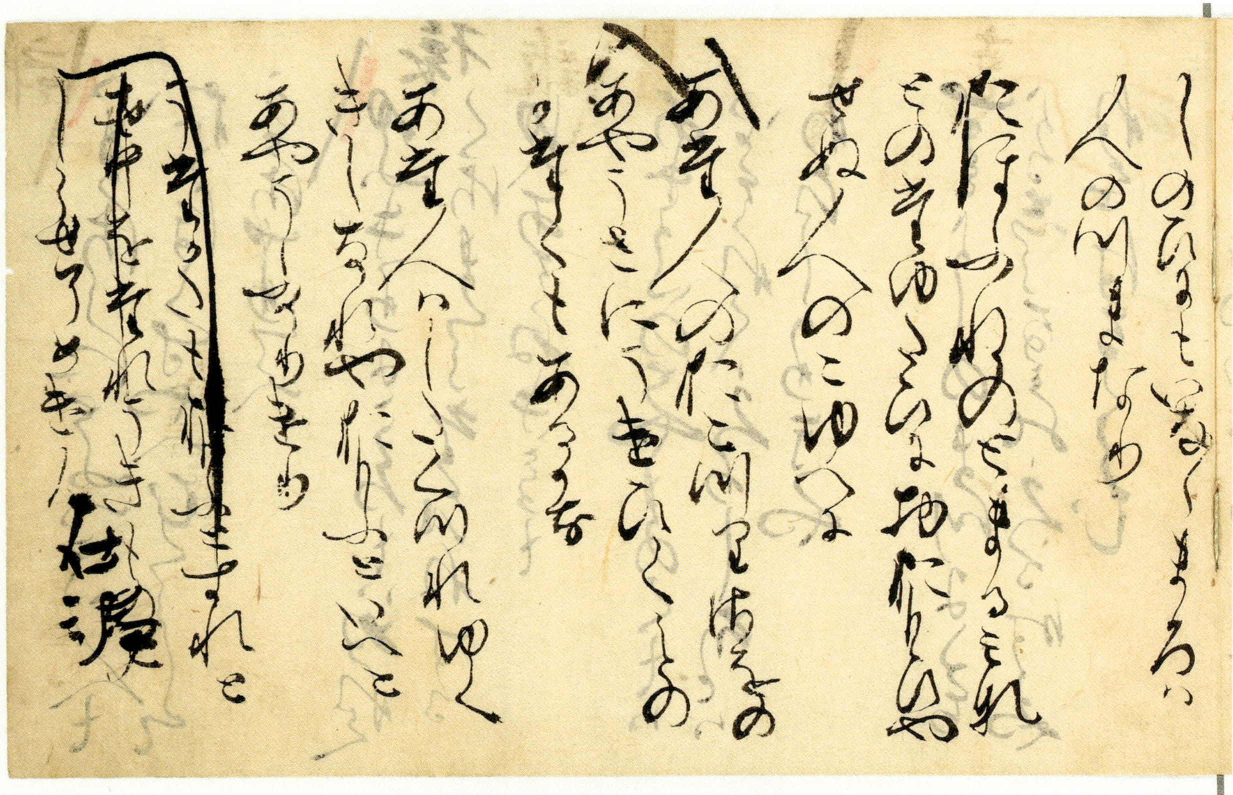

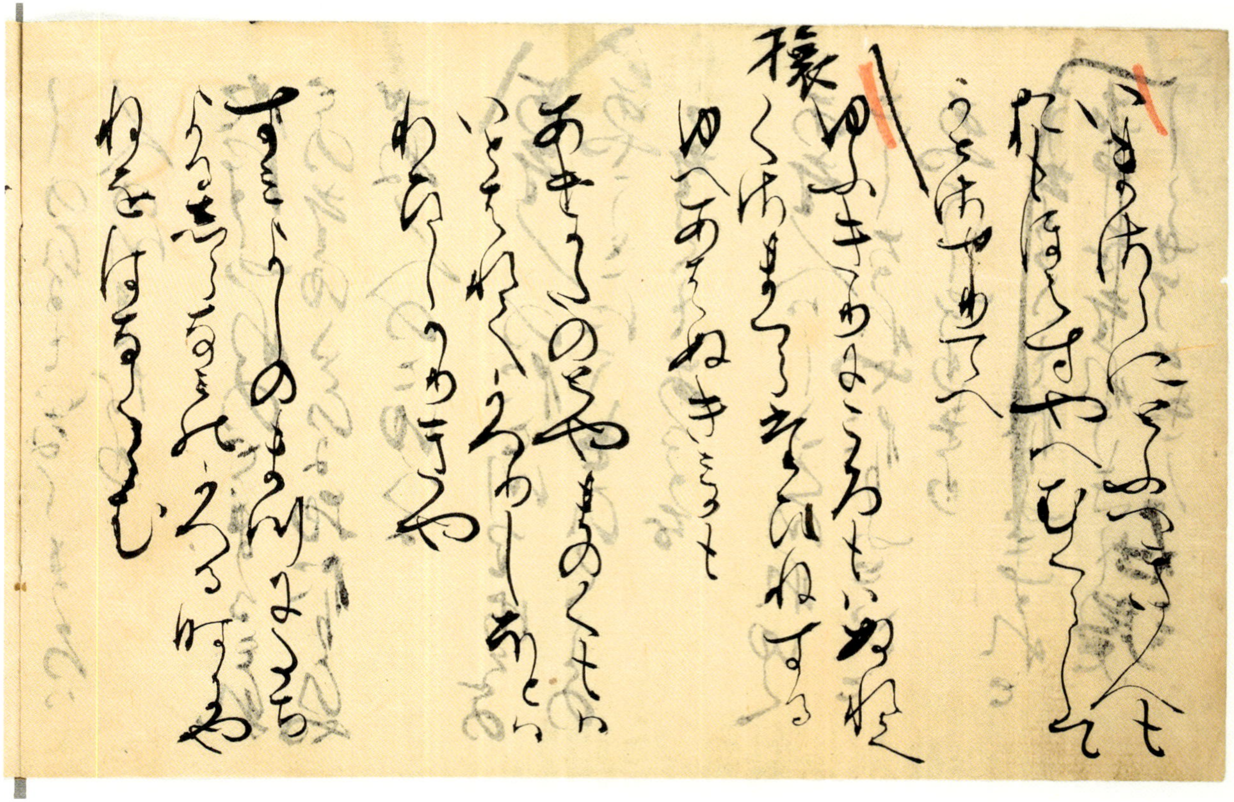

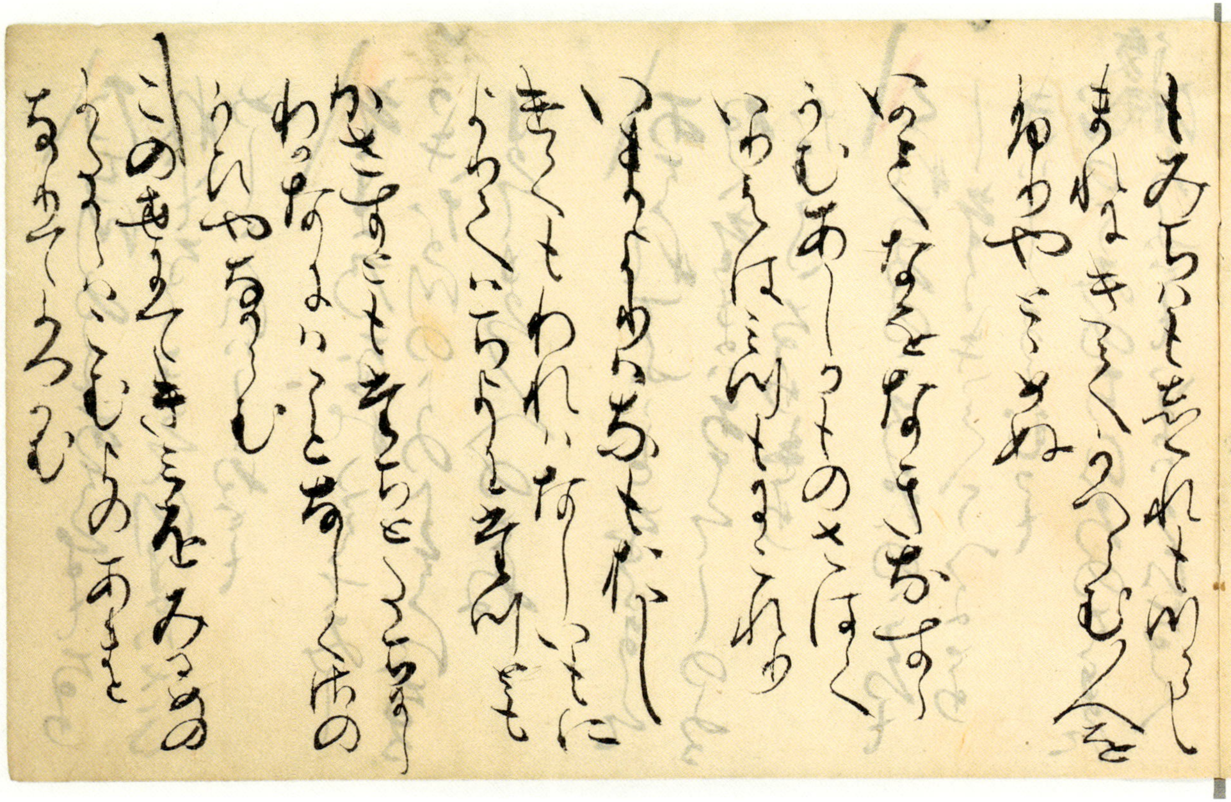

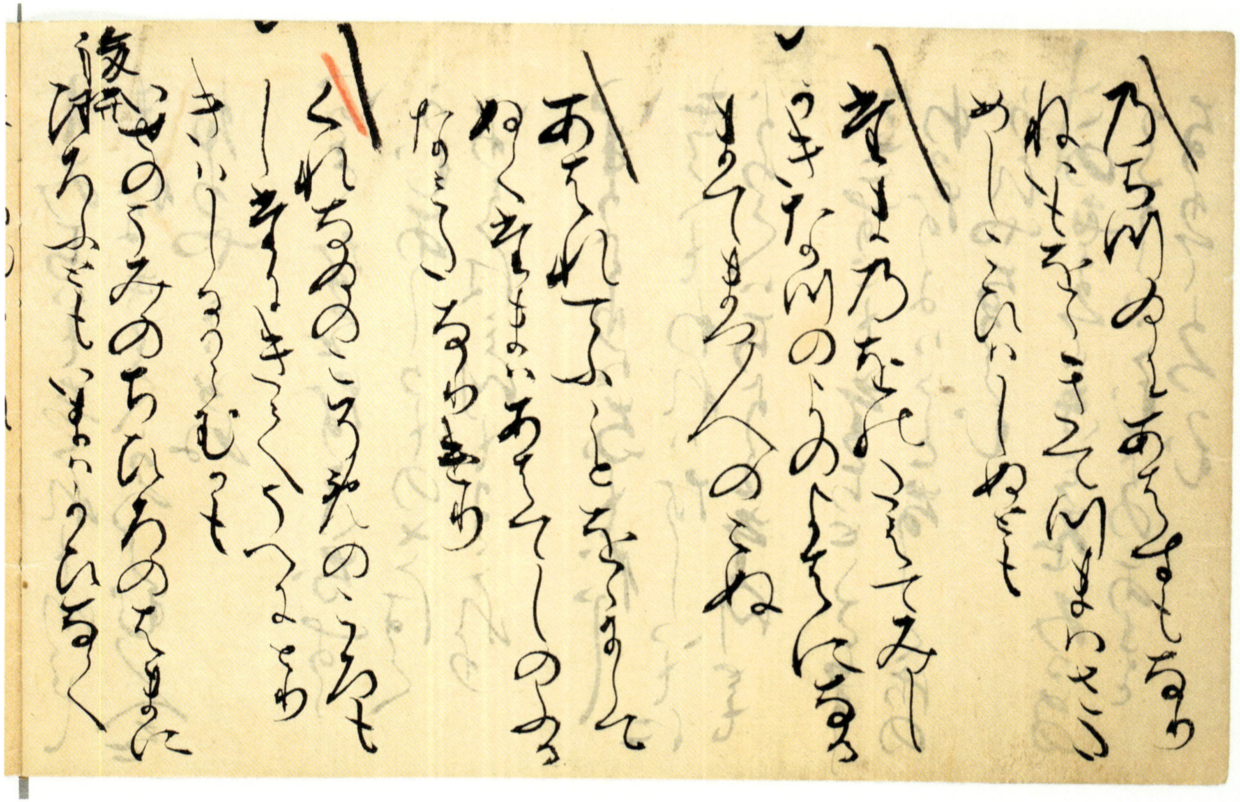

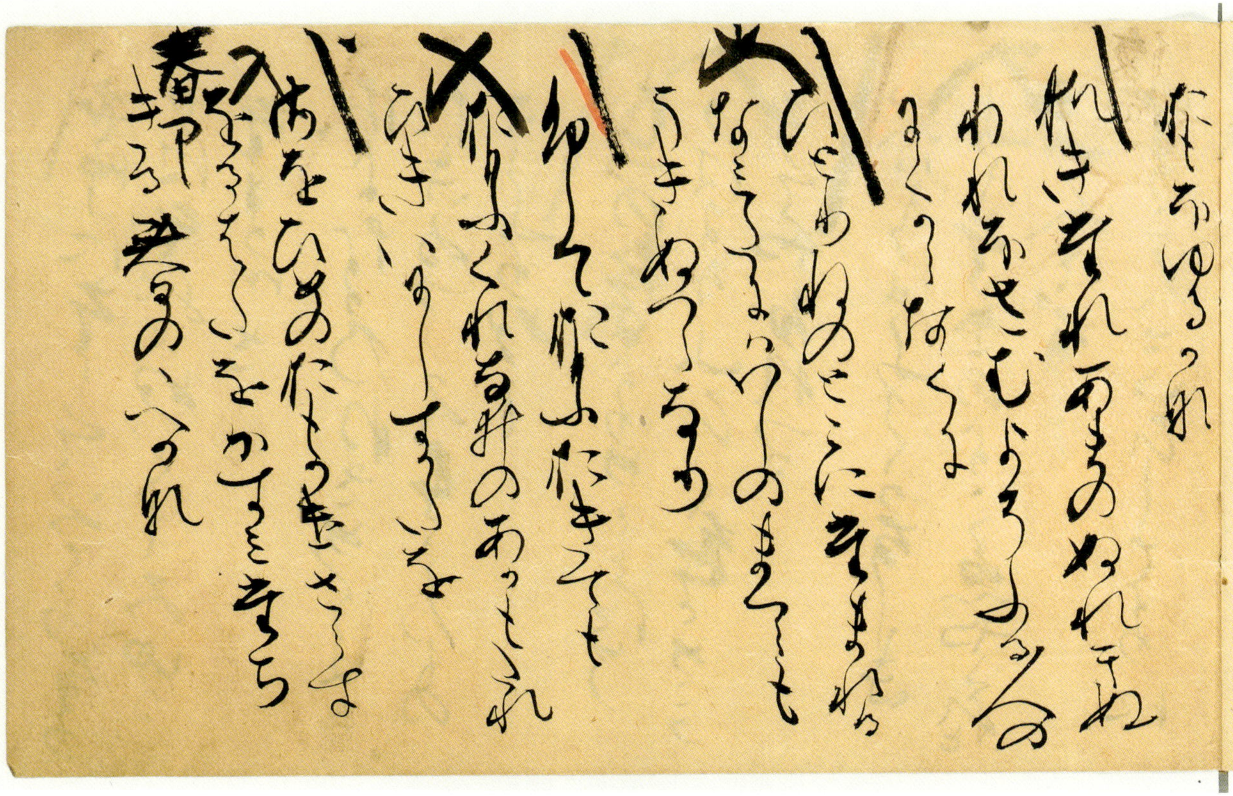

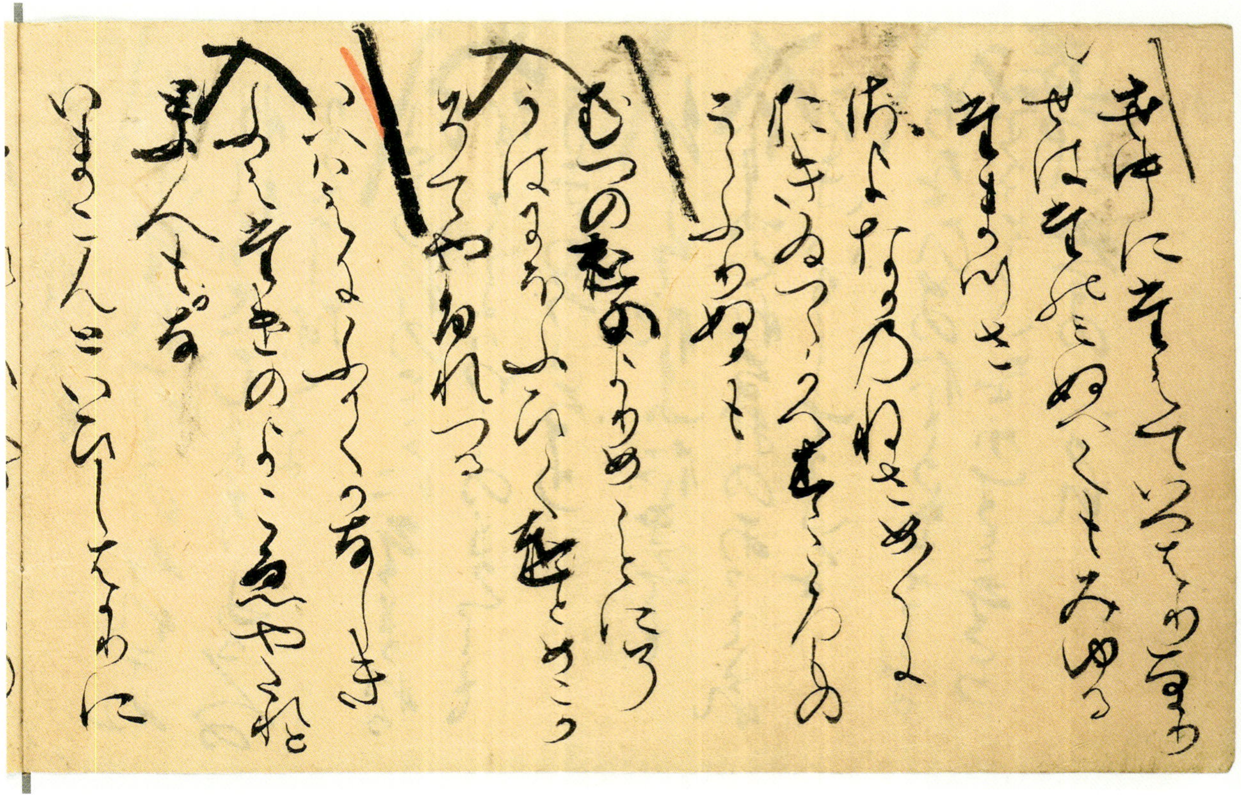

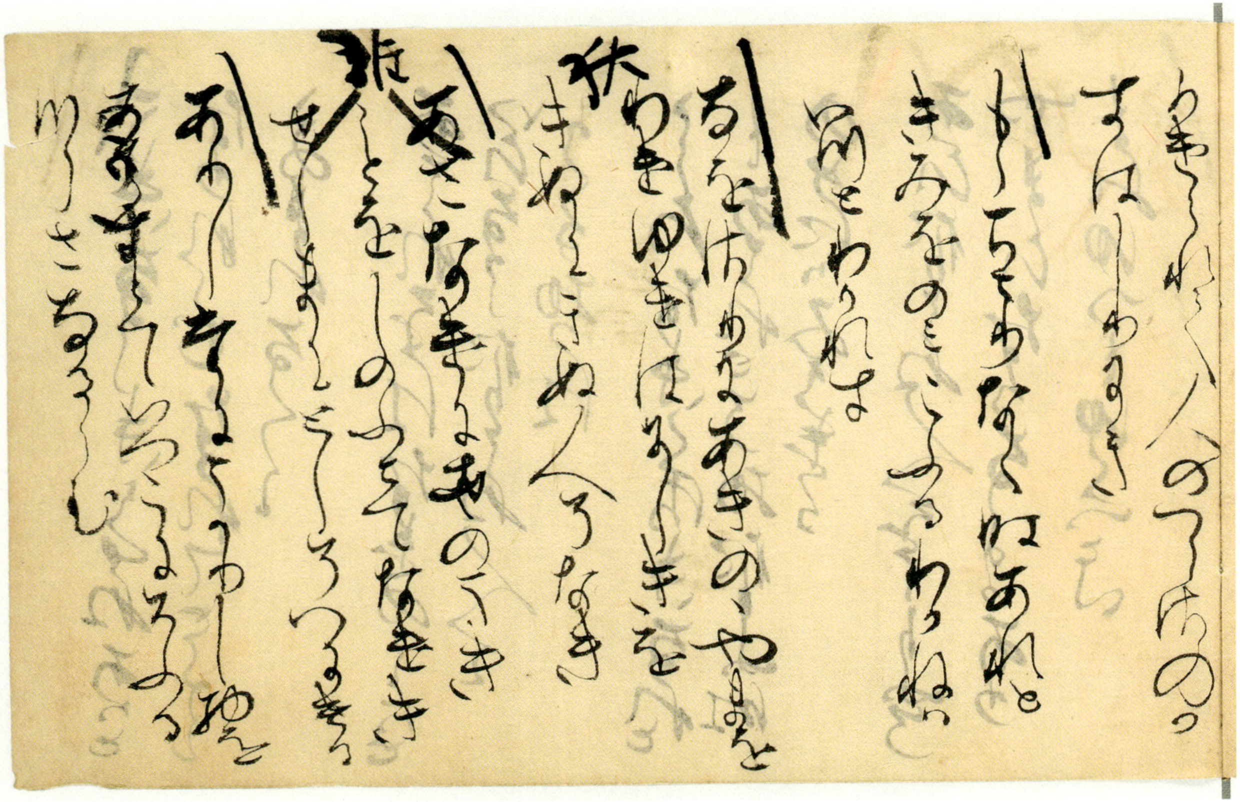

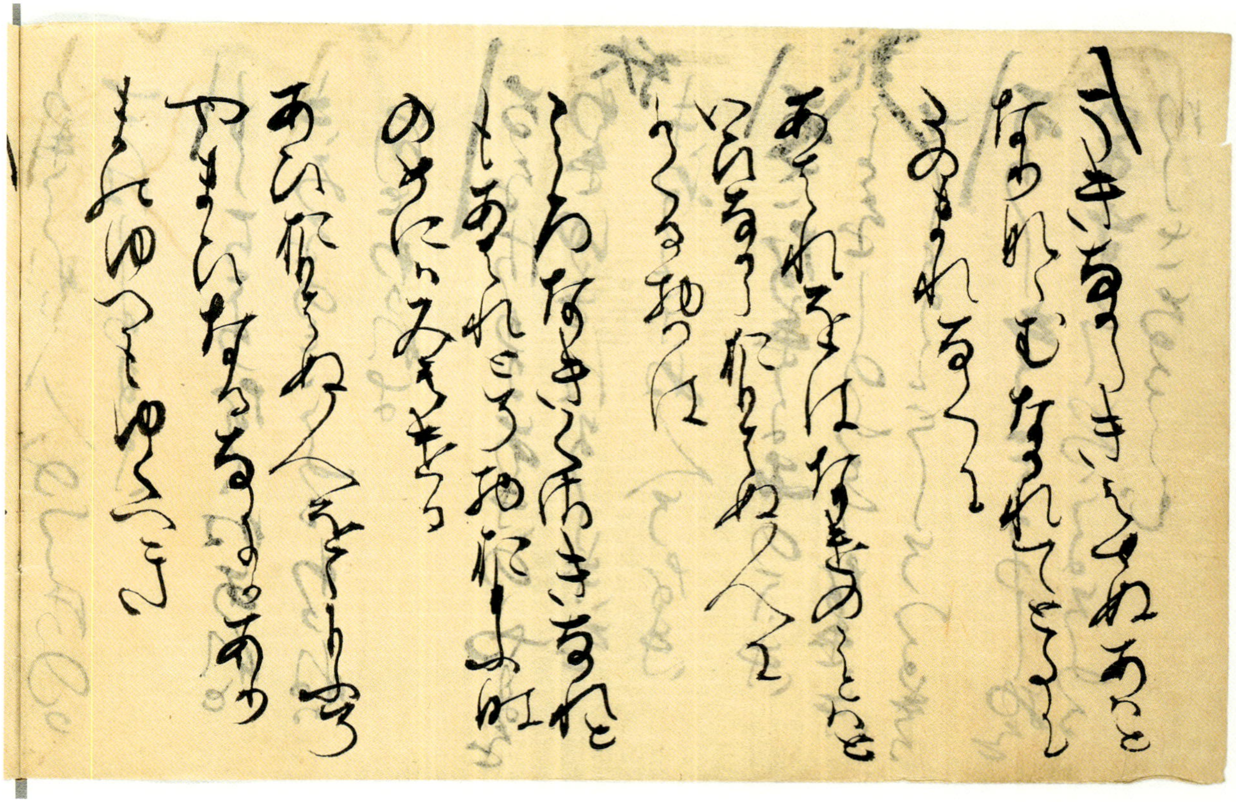

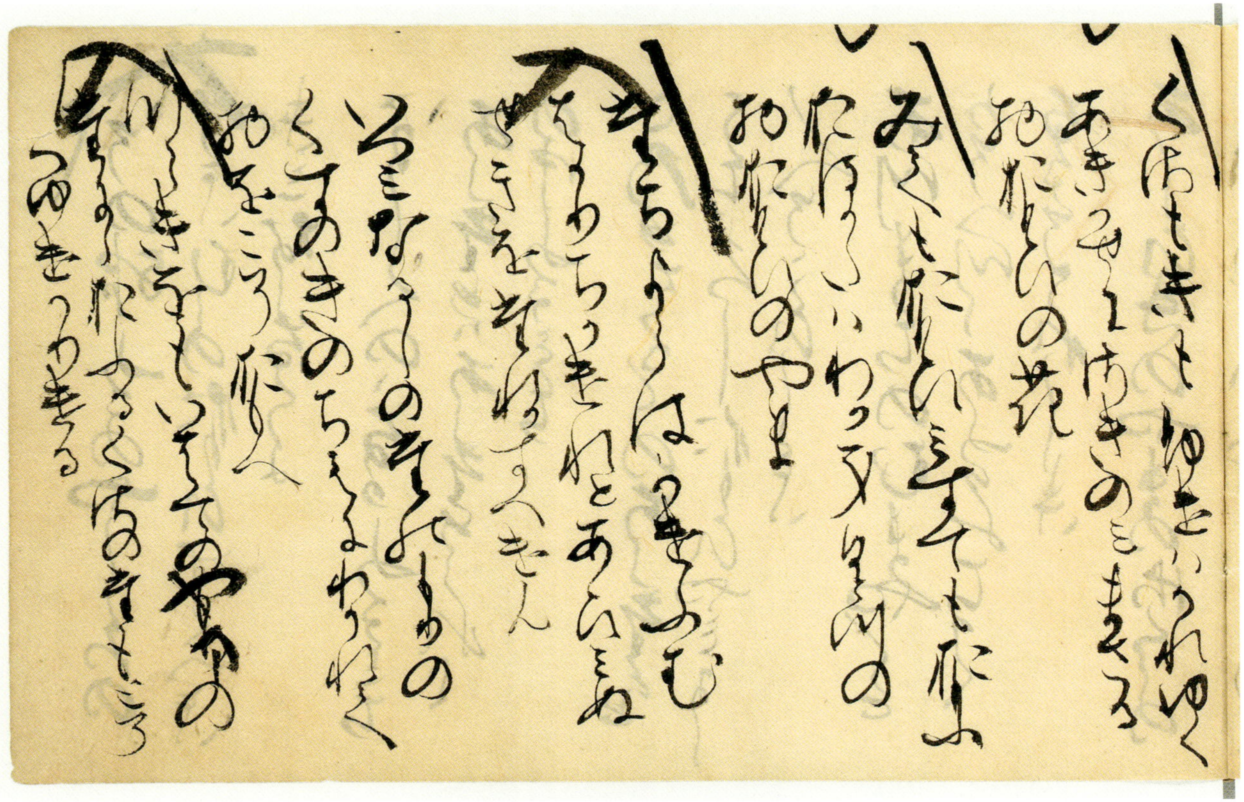

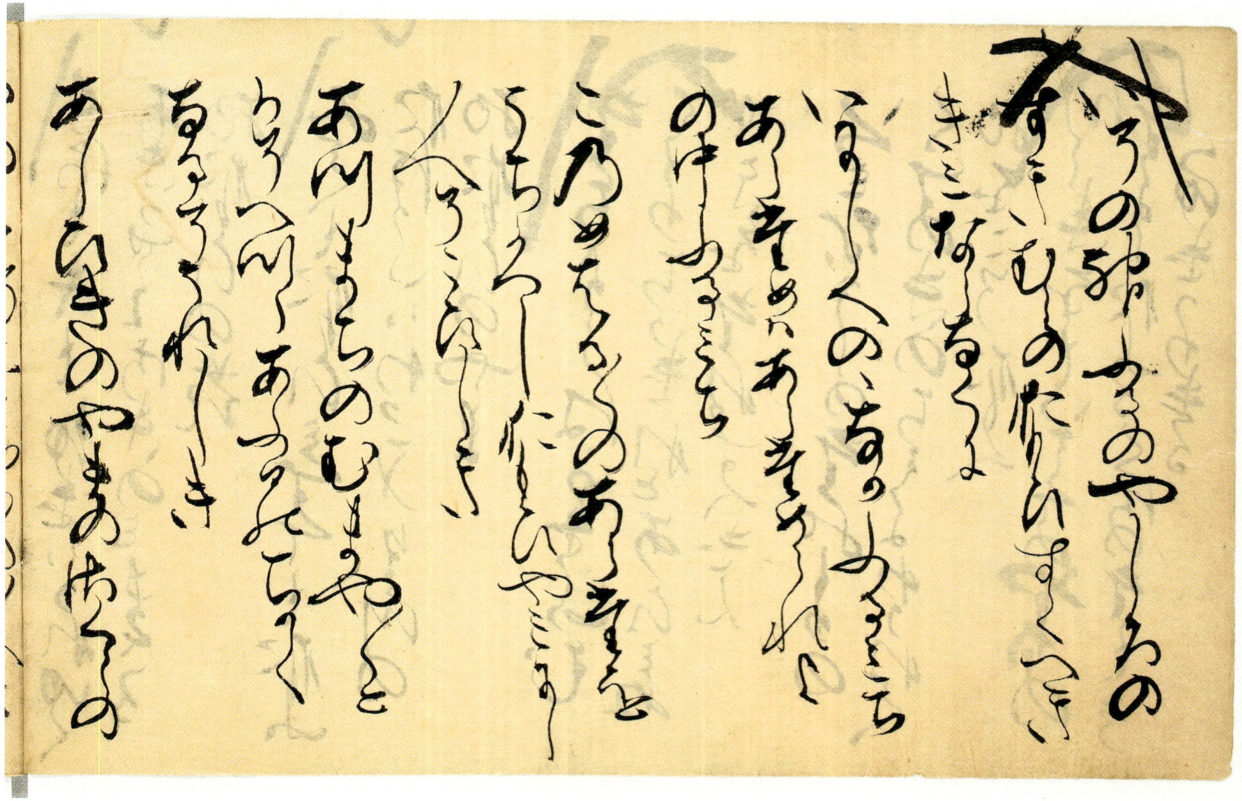

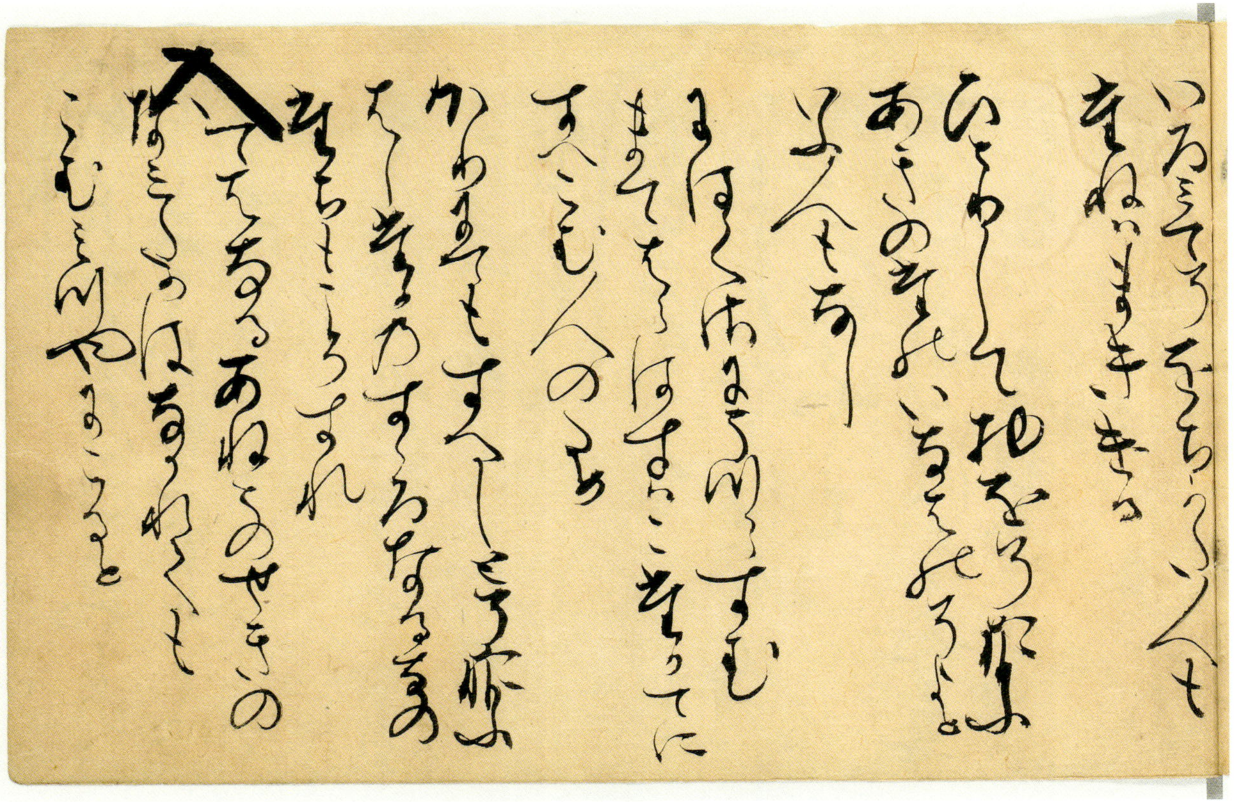

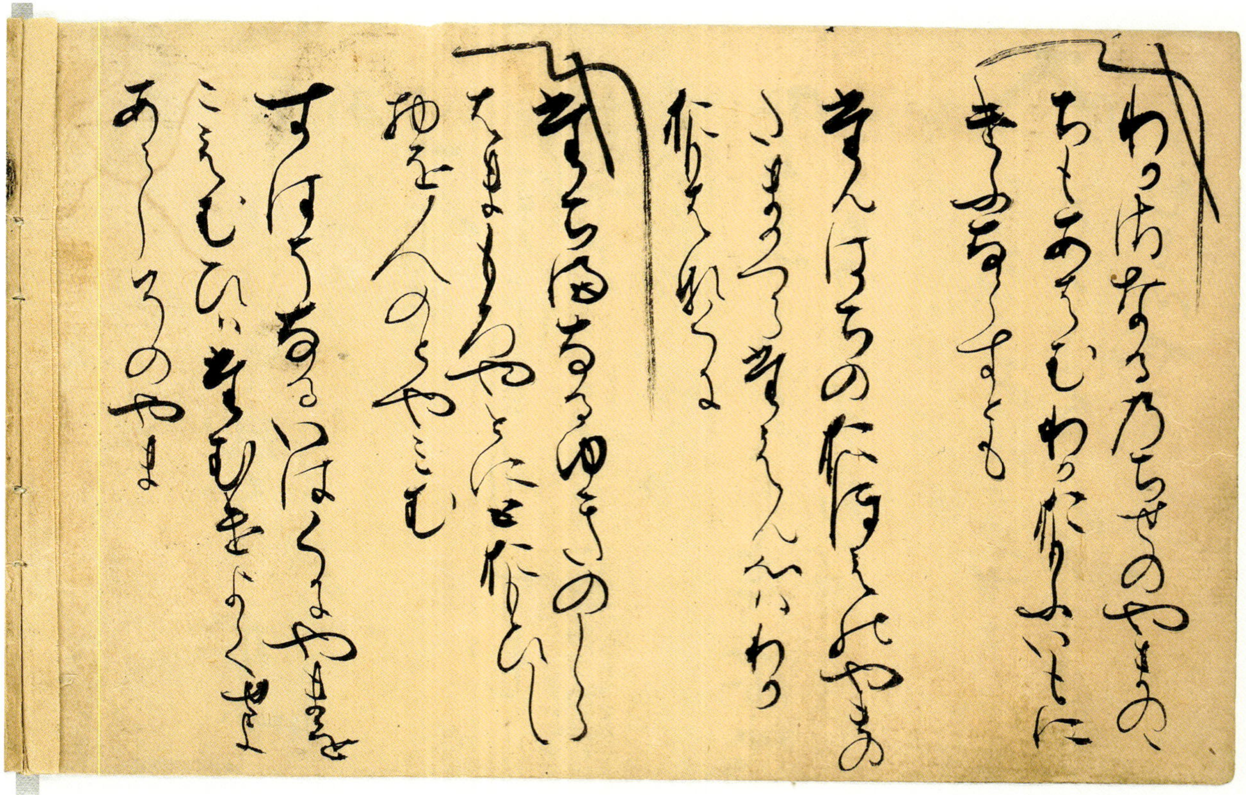

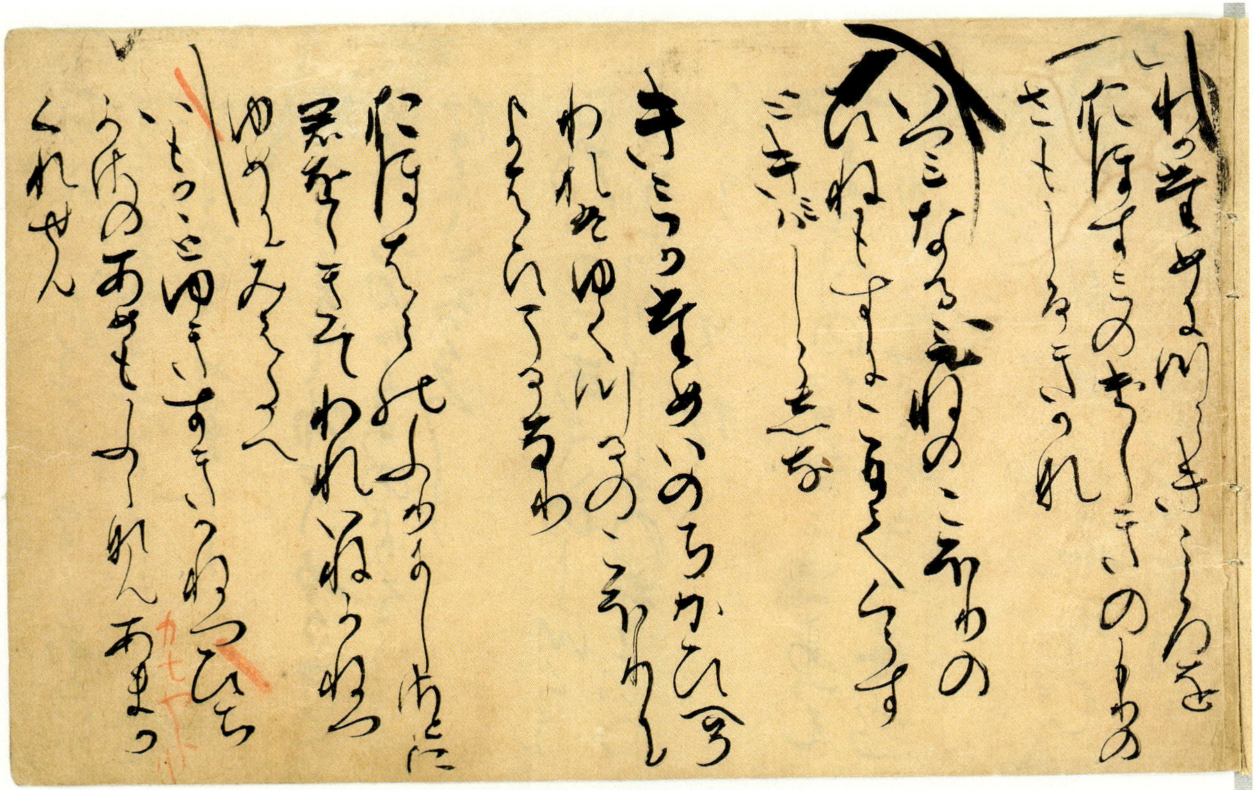

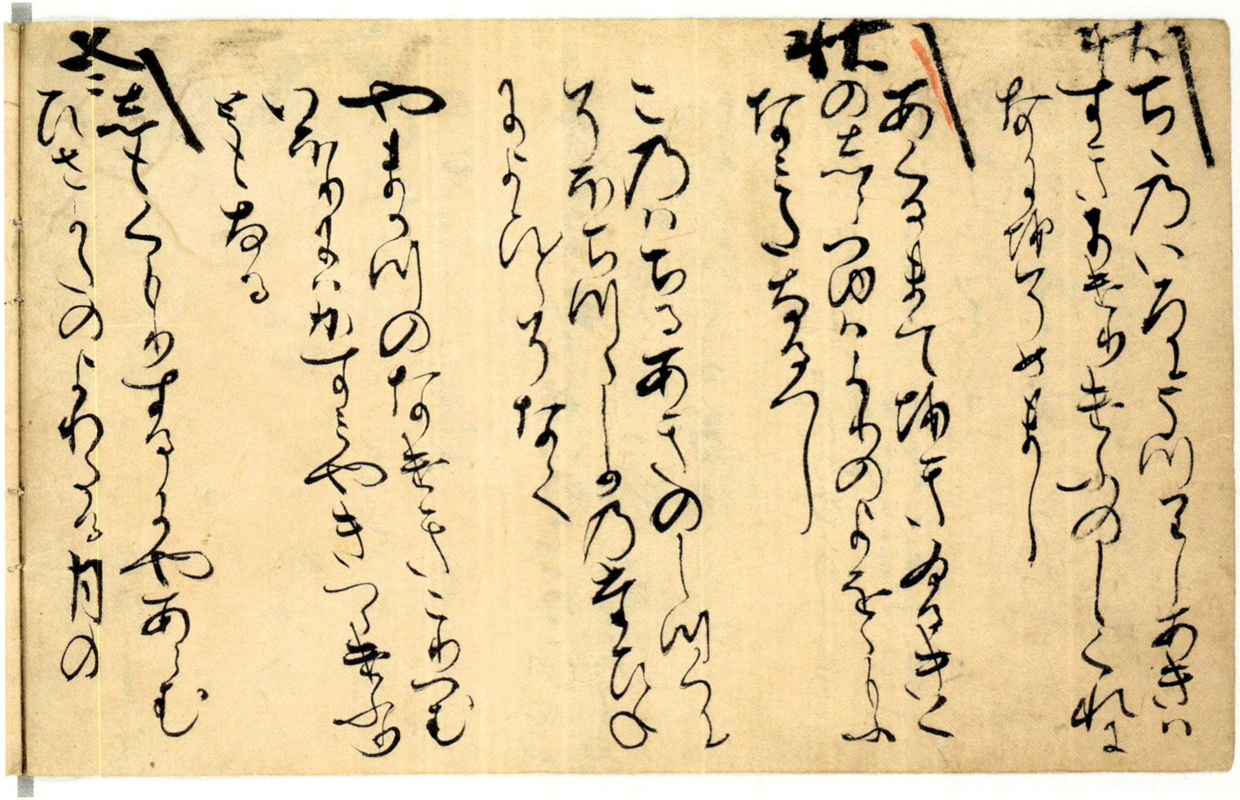

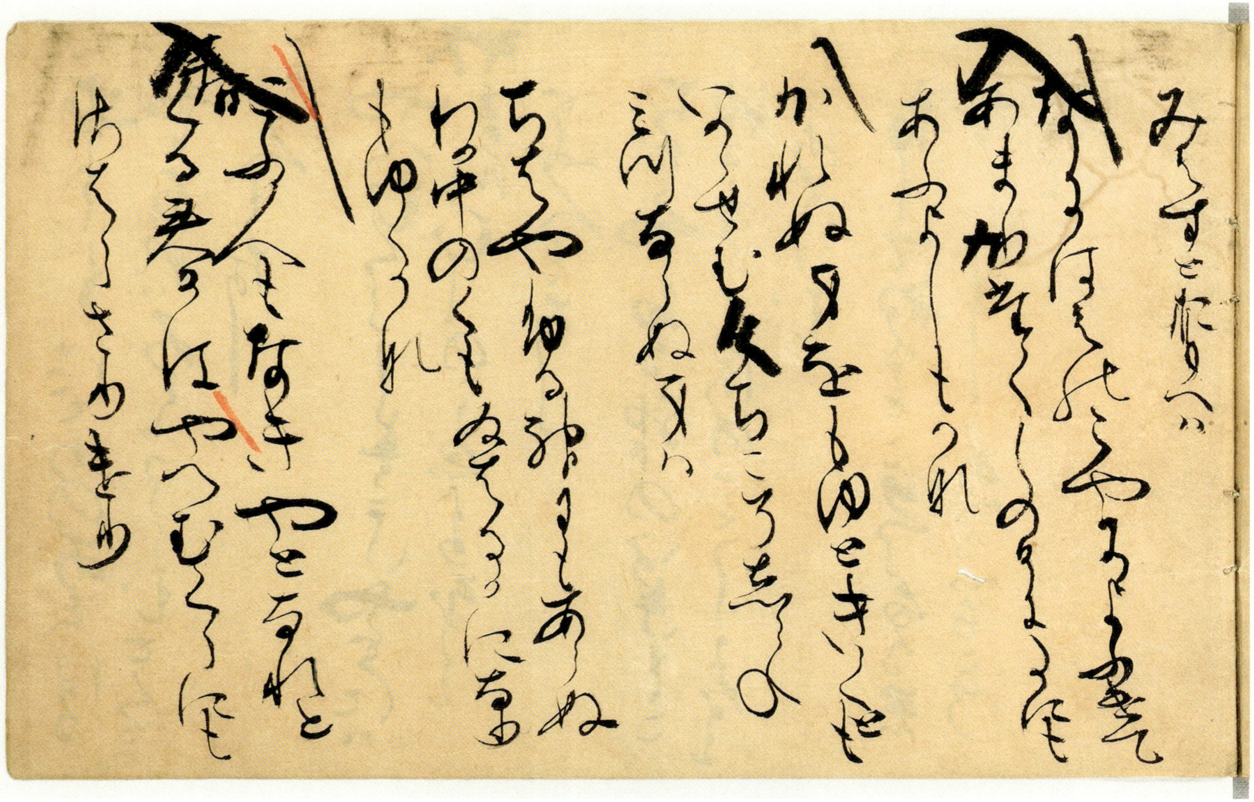

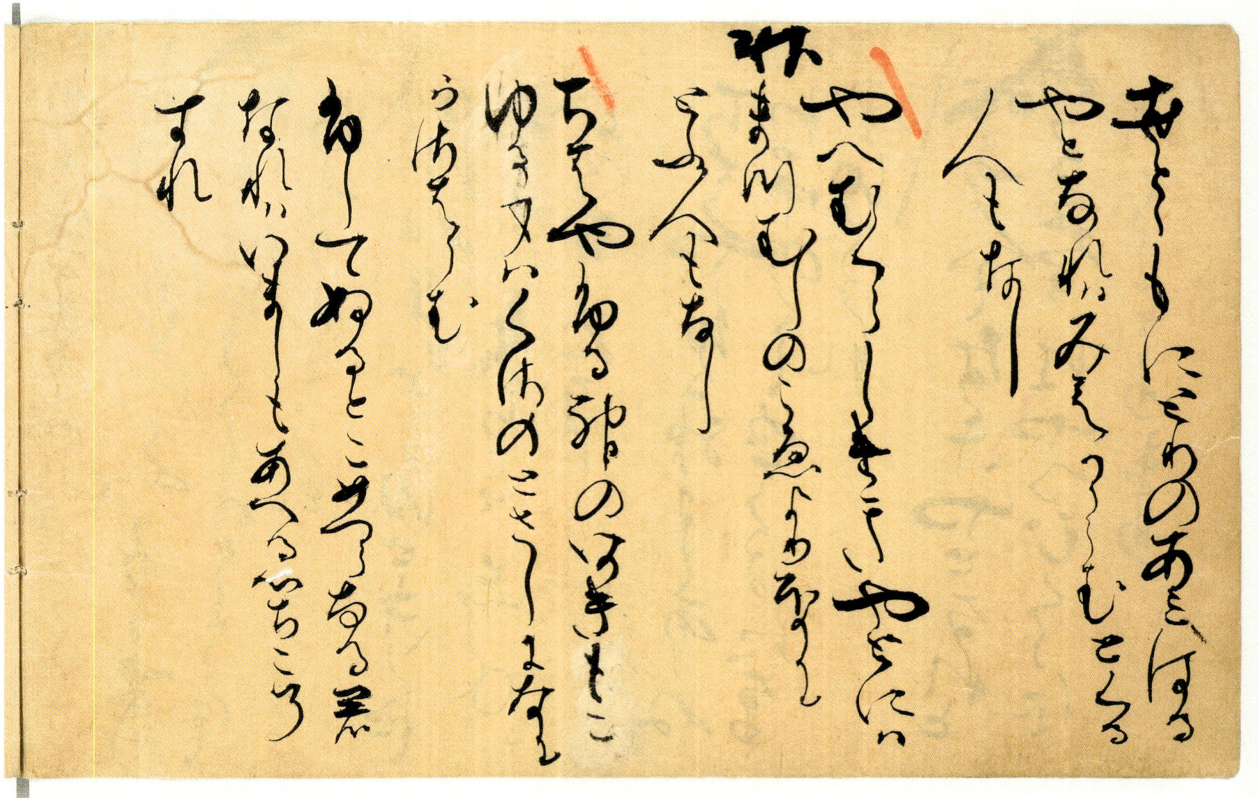
あさもにたゝのあとはる
やとなれはみえつゝむさる
人もなし
秋
やへむくらしけきやとには
なつむしのこゑよりほかに
とふ人もなし
ちそやゆる花のはきもこ
ゆきちかくはのこそしまなる
うけきらむ
おもひてねるとこそつゆなる袖
なれはいましもあへるうちころ
すれ

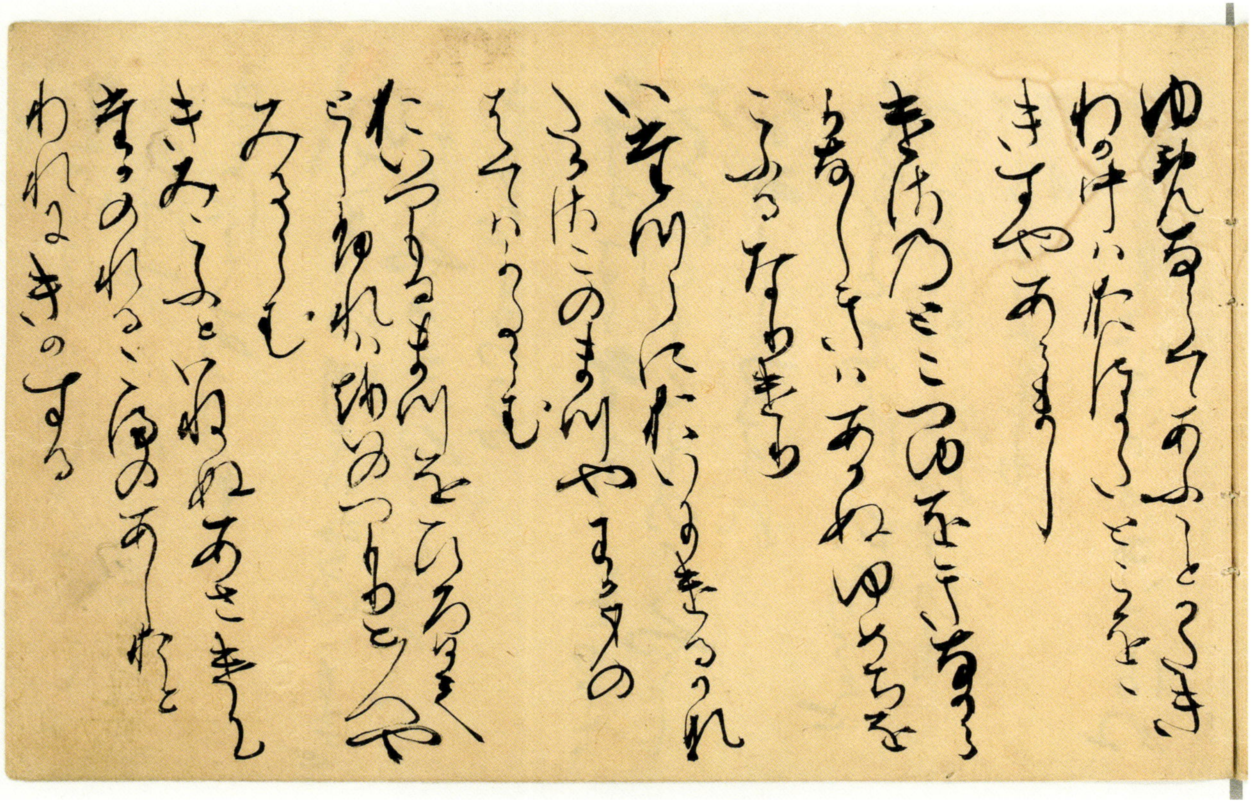

かきこしなむやいなむしこ
まのはつゝみてもミえつそき
きミにもあつされ
ひさゝの川さきのこまをと
うちてやかきつぬむとのこ
きこえまつる
しのはすそましきわたとも
みえわくものなかやし
なあしつるれ
ちるとちるのみこと
つるにはまれかつひも
これしつわまゆ
すこゝにきこえきゝはぬ

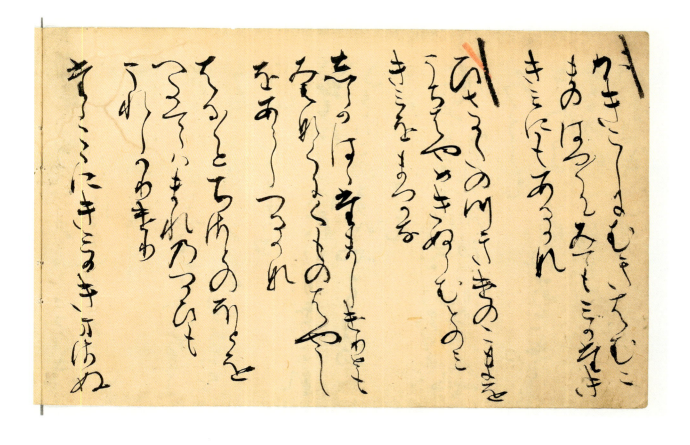

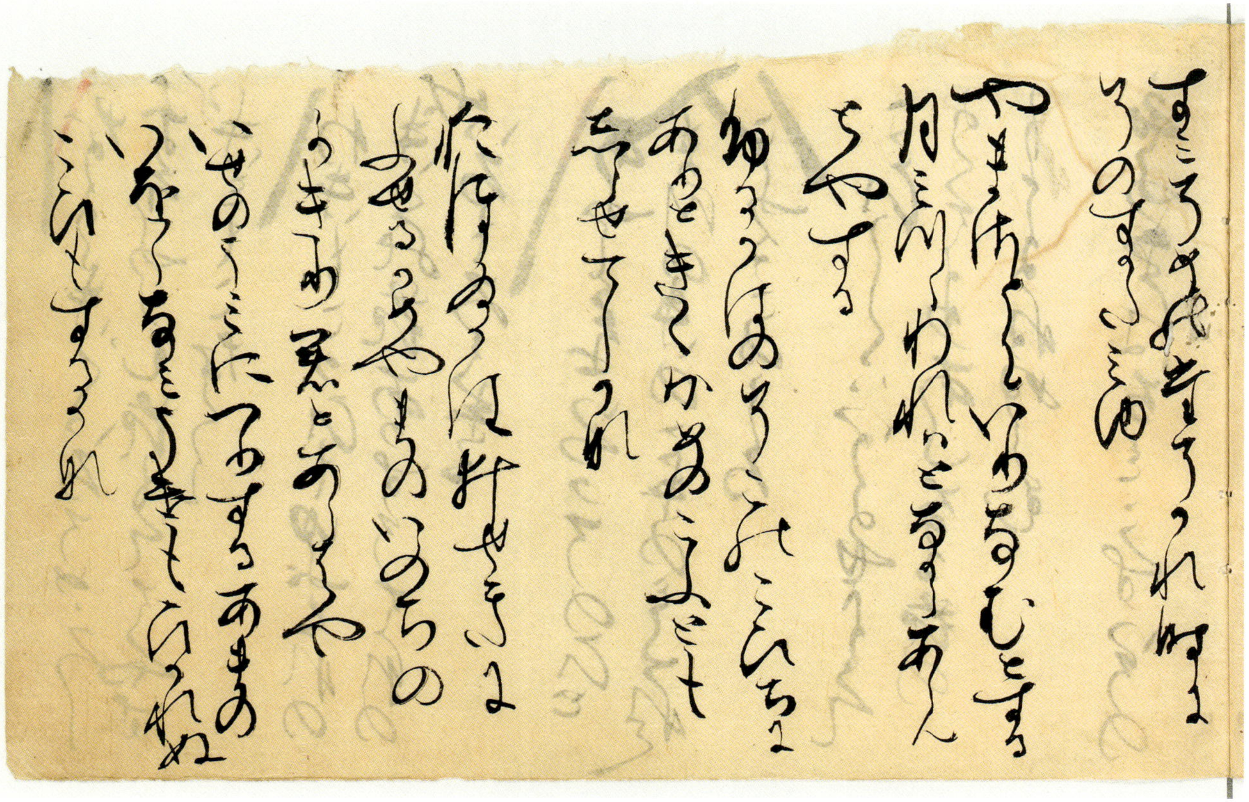

なかきくのいろそめかへし
おくつゆも花もてはやす
きみしこなくし
わきもこかひもゆふくれの
さきみたれ花あやすそれの
いろもみえける
あさしもとおきつゝのひと
まれのきのこすゑのもみち
にうつろひぬる
こひしくはいつもみえん
おもかけあまたある花の
かはるまねぬらむ
あらしふきはなこそすれの

ろすれはもみちねにあらそひぬれて
ちるもぬるらむ
春 もちのみつにすむひち
まはくも花といねのたゝうきりに
きりみさらむ
みる人もなき山さとの
さくら花ほかのちりなむ
のちそさかまし
こゝしとたをひきつれとわ
うねはあすゆくへもしらす
さわきする
春ちる花のちれちるちるその
みちをきすゝてひして
なみねなきなきき

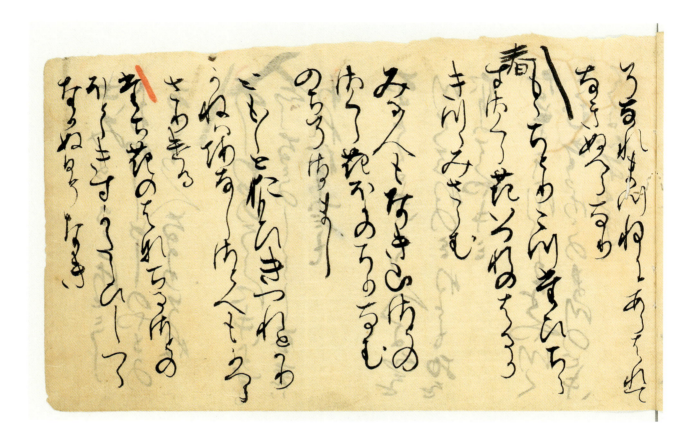

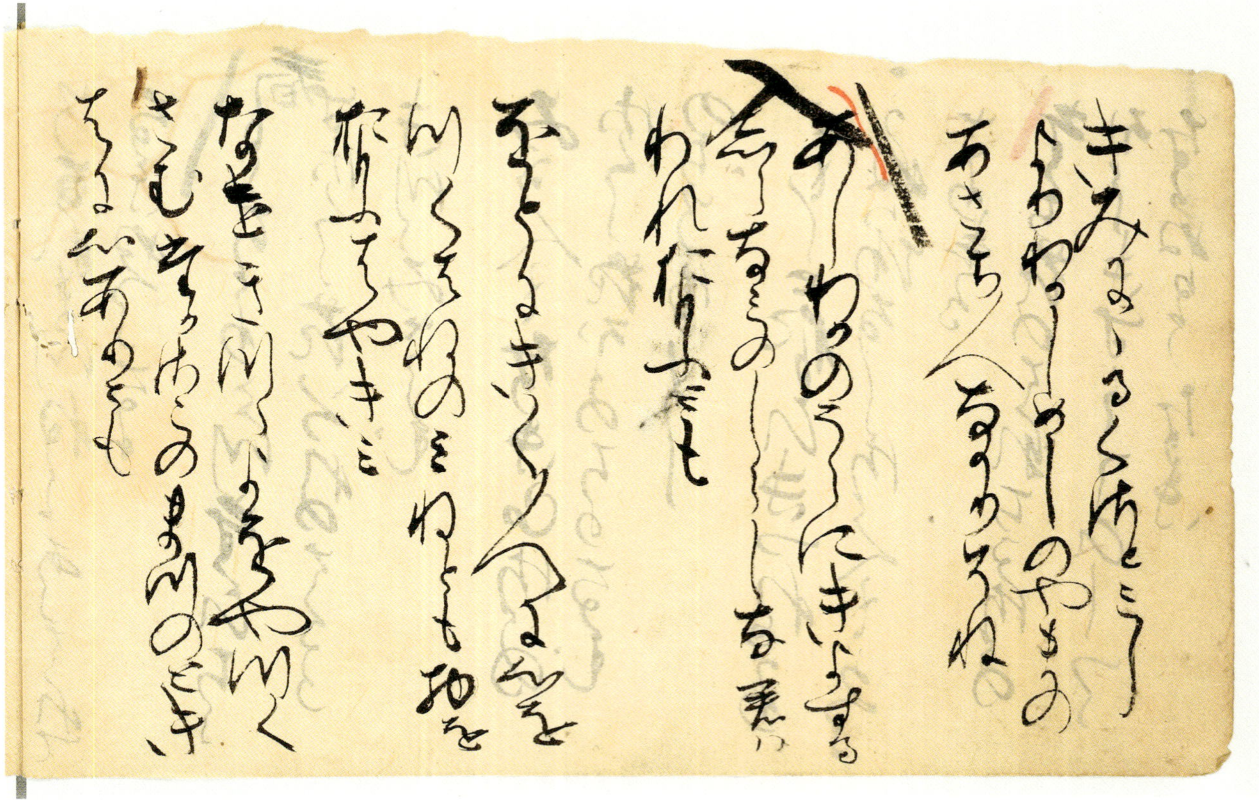

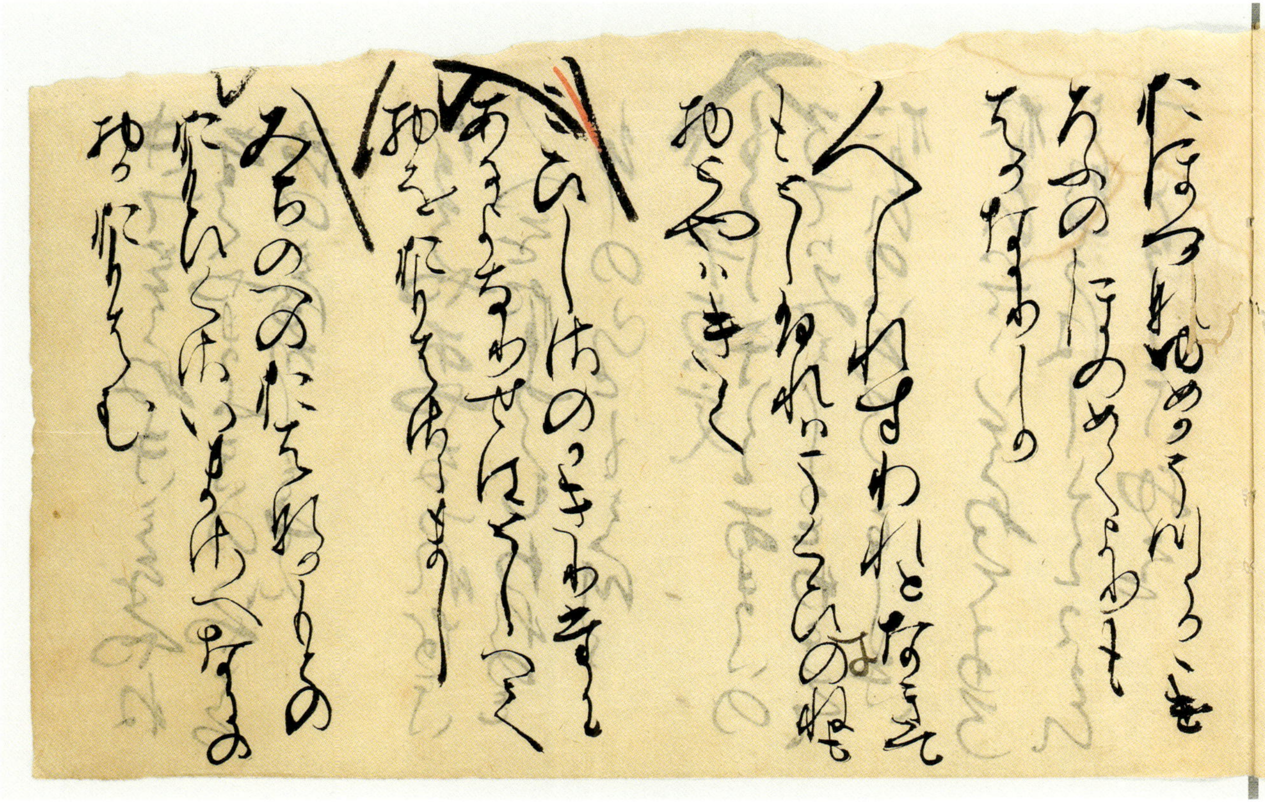

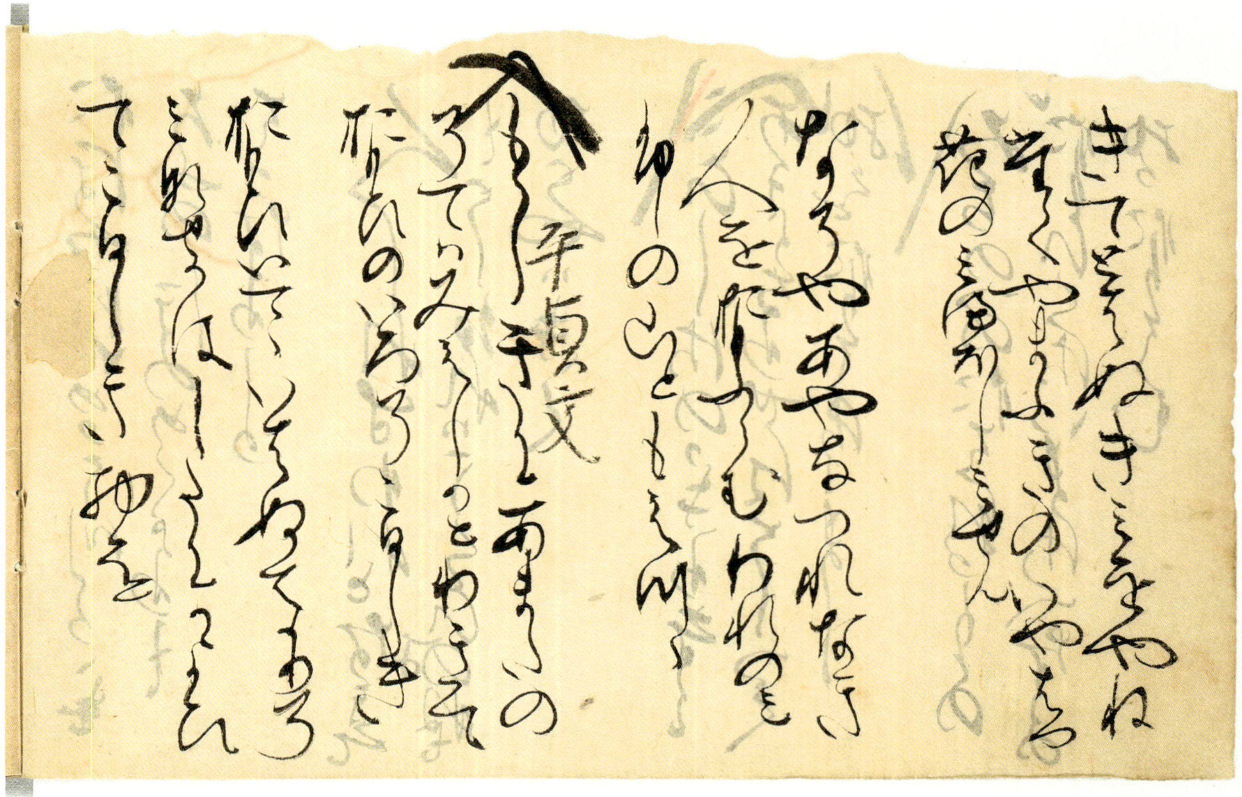

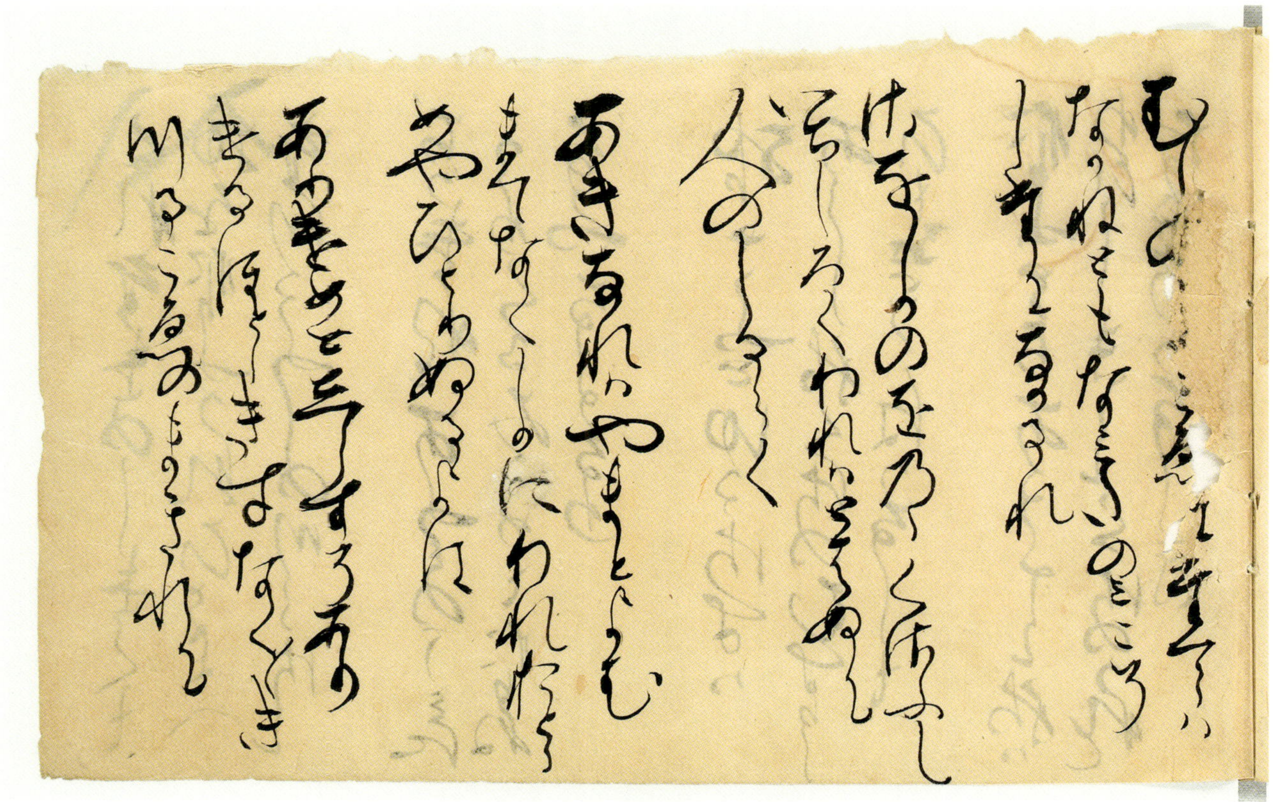

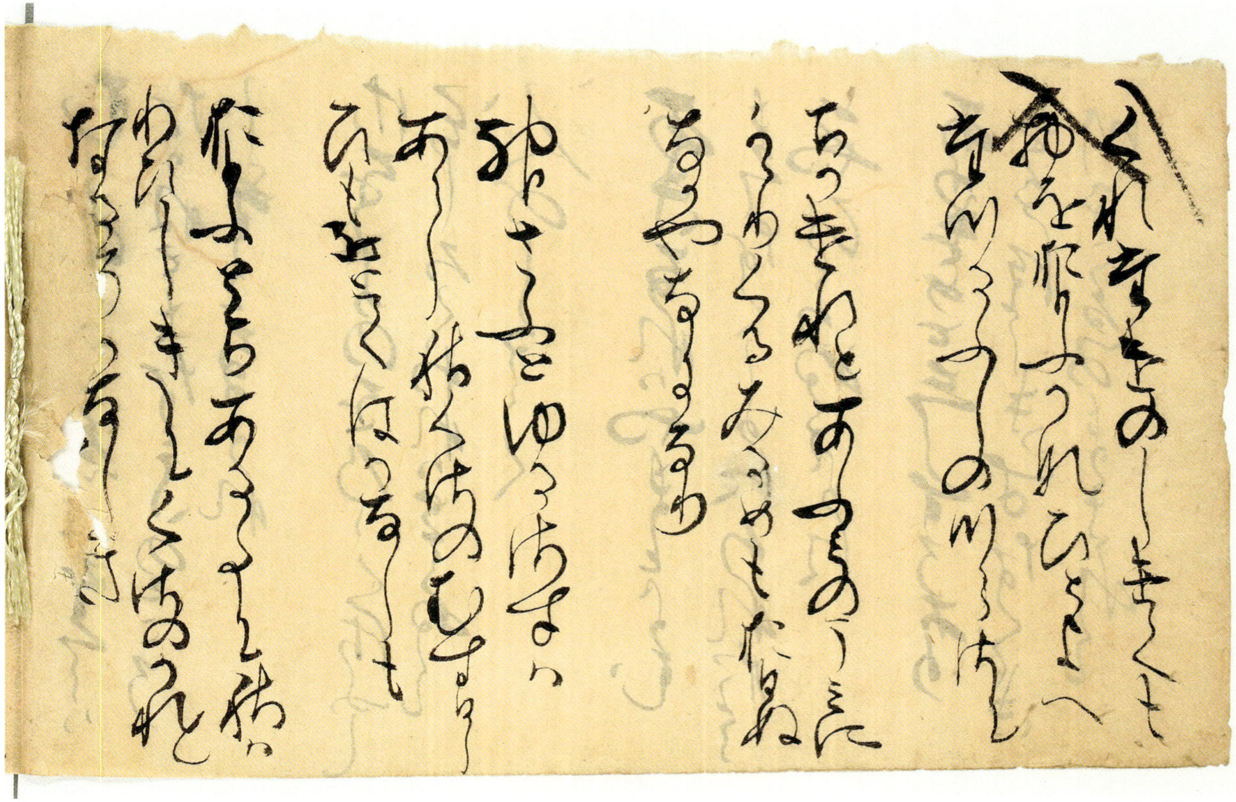

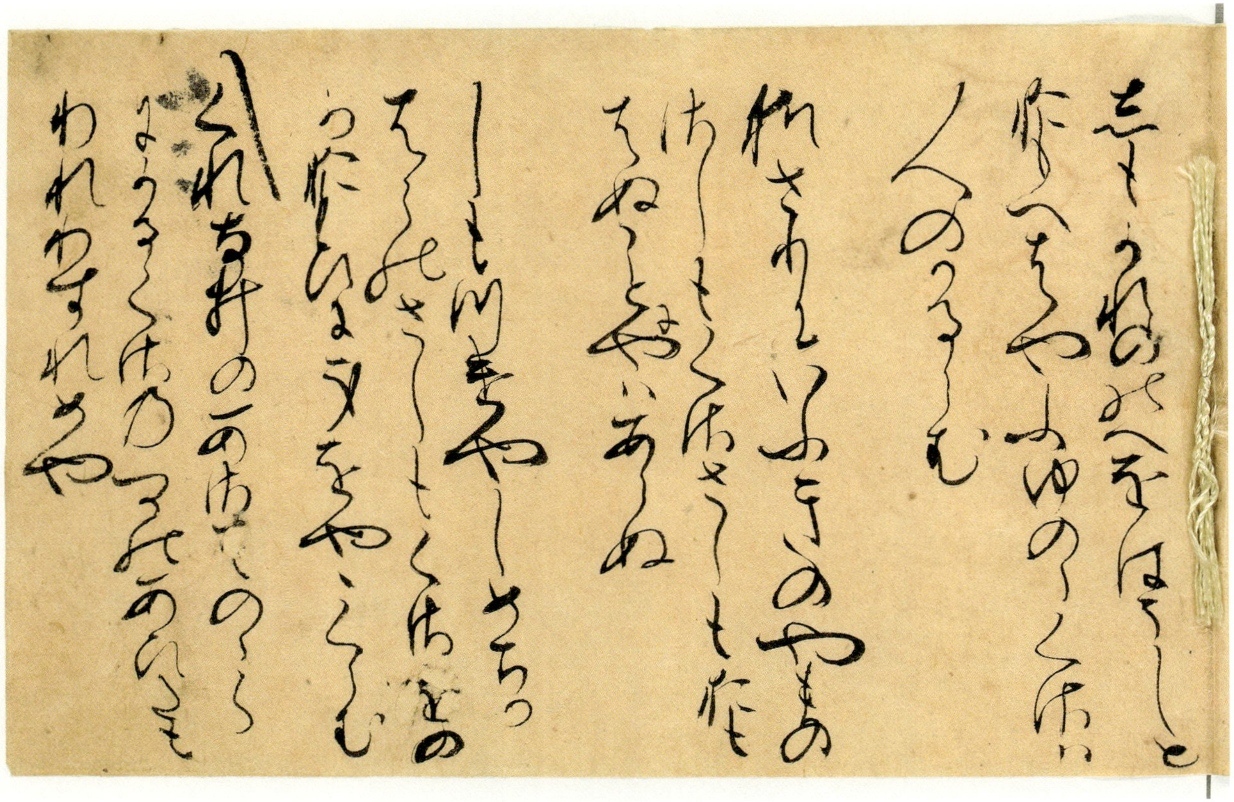

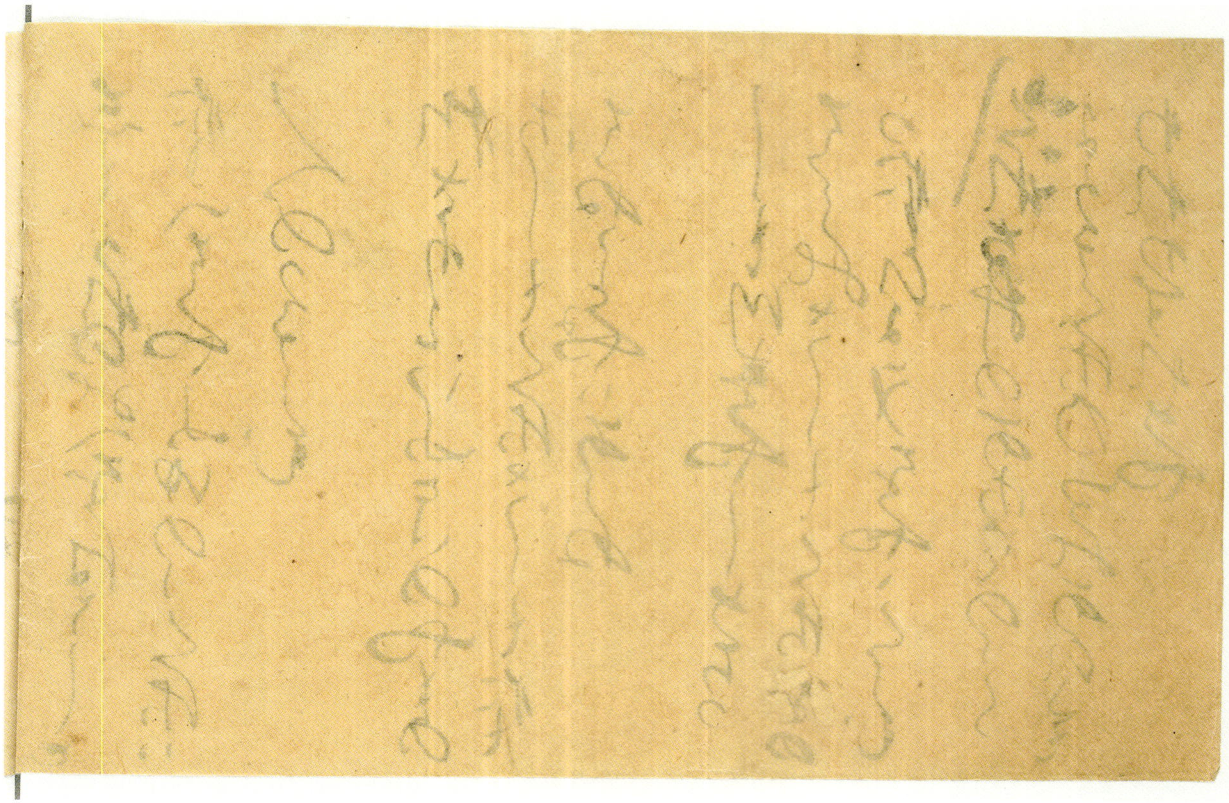

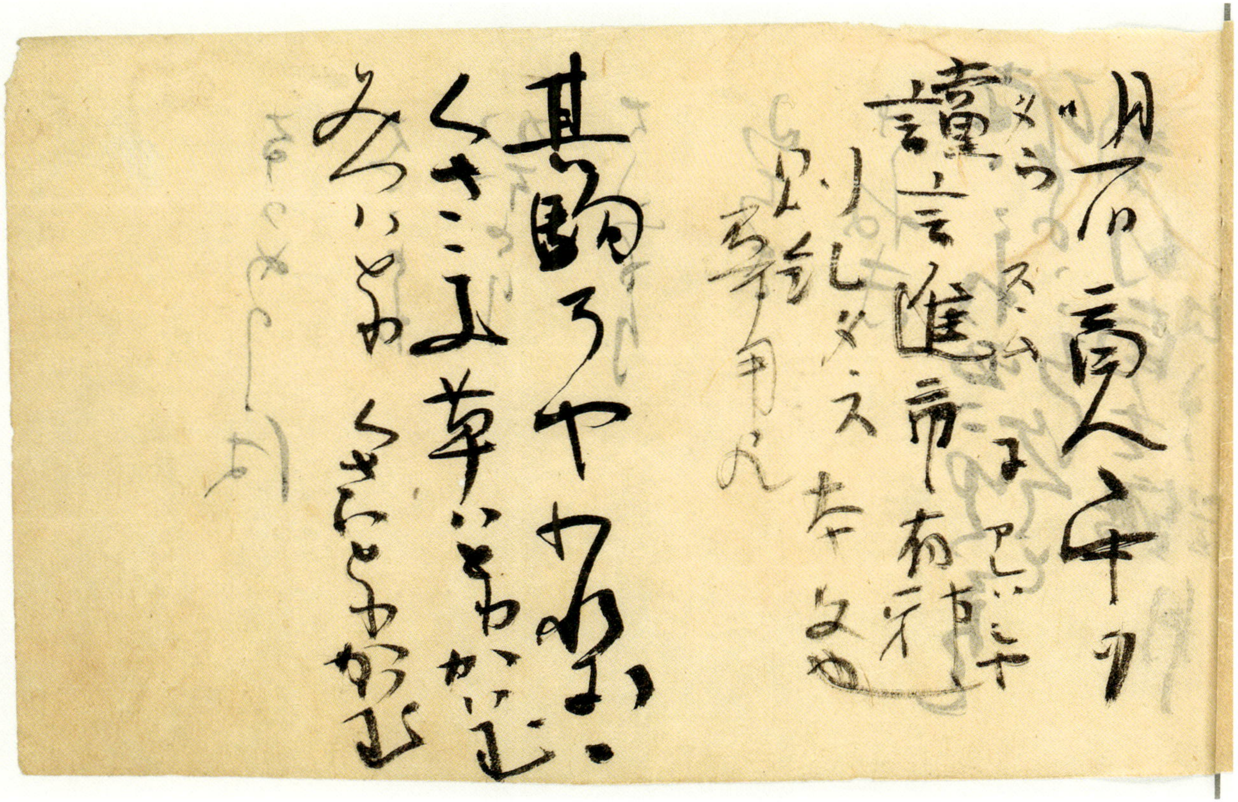

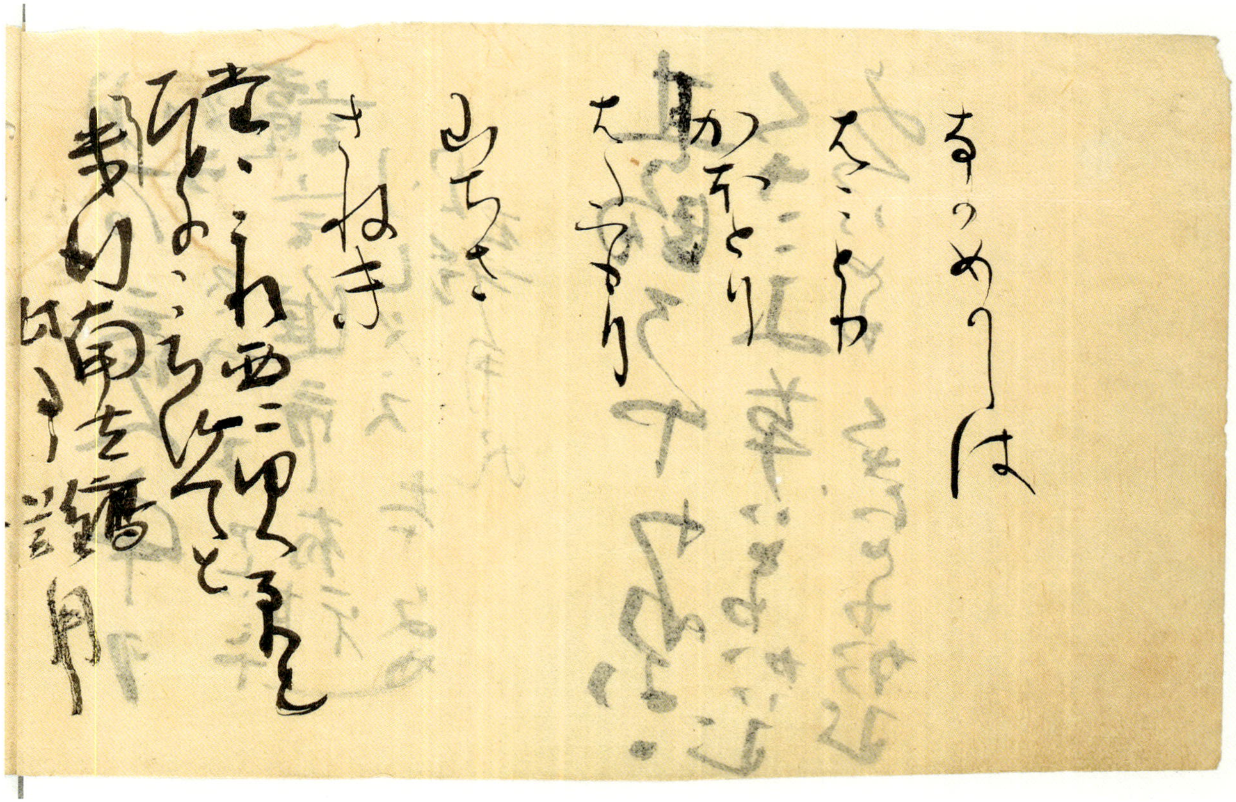

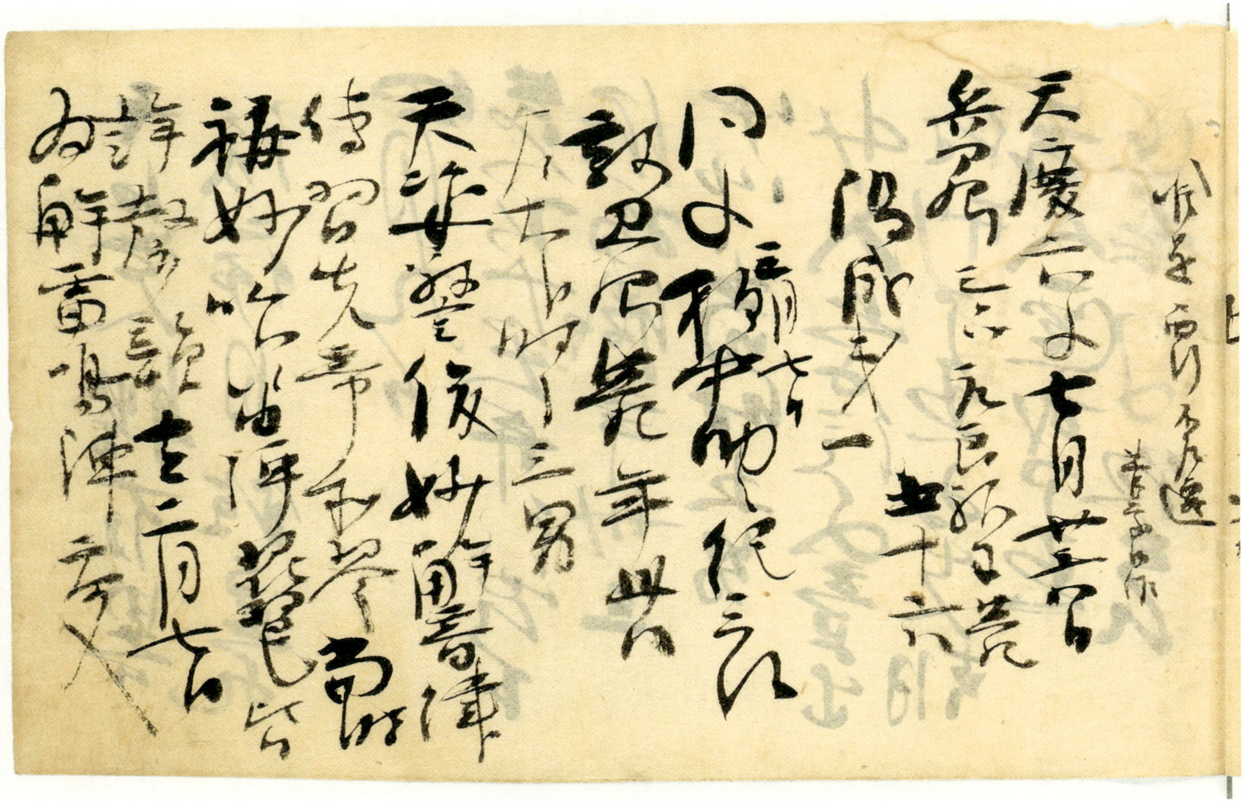

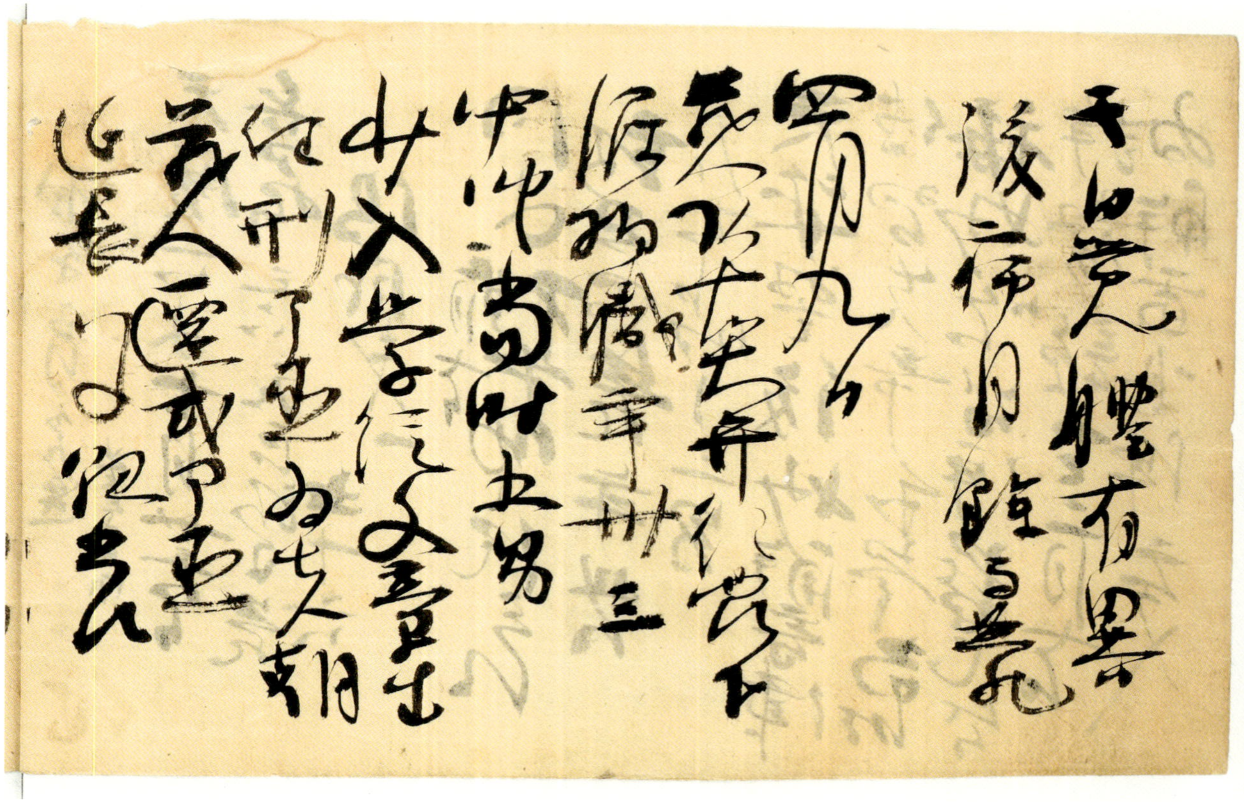

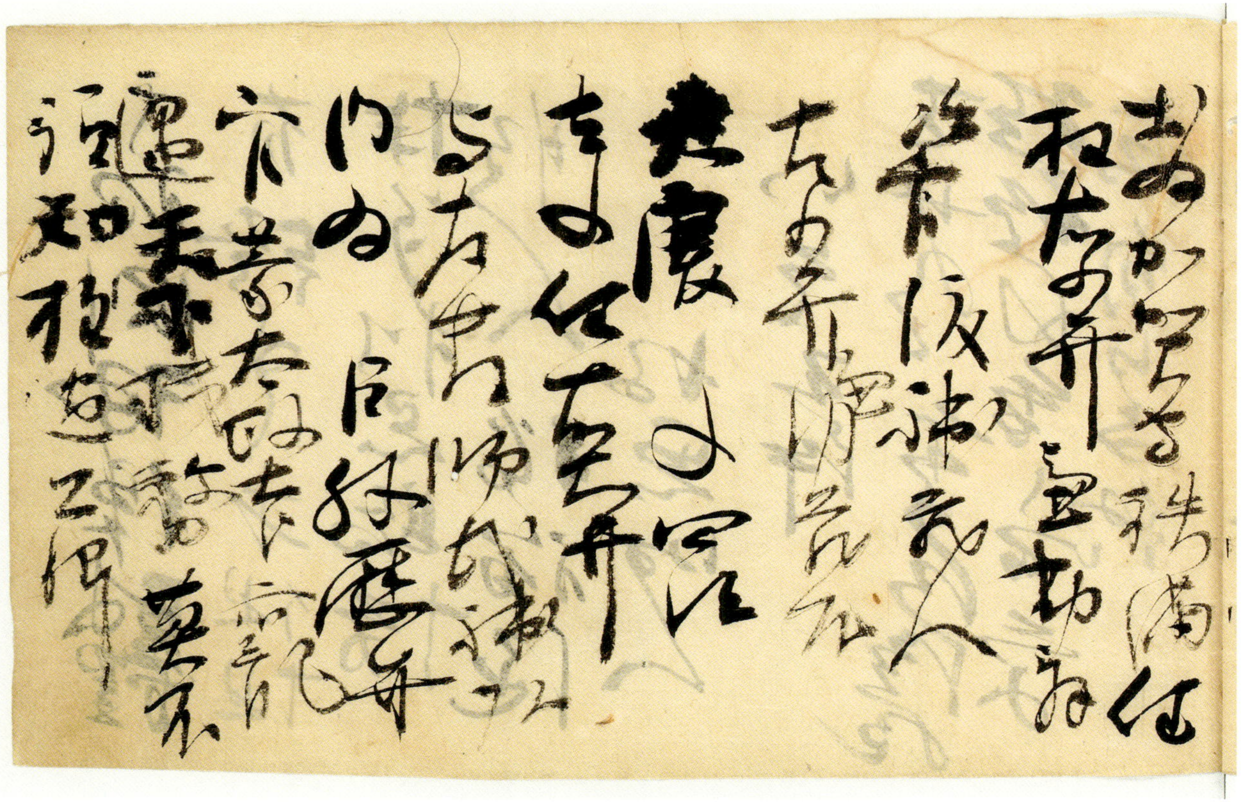

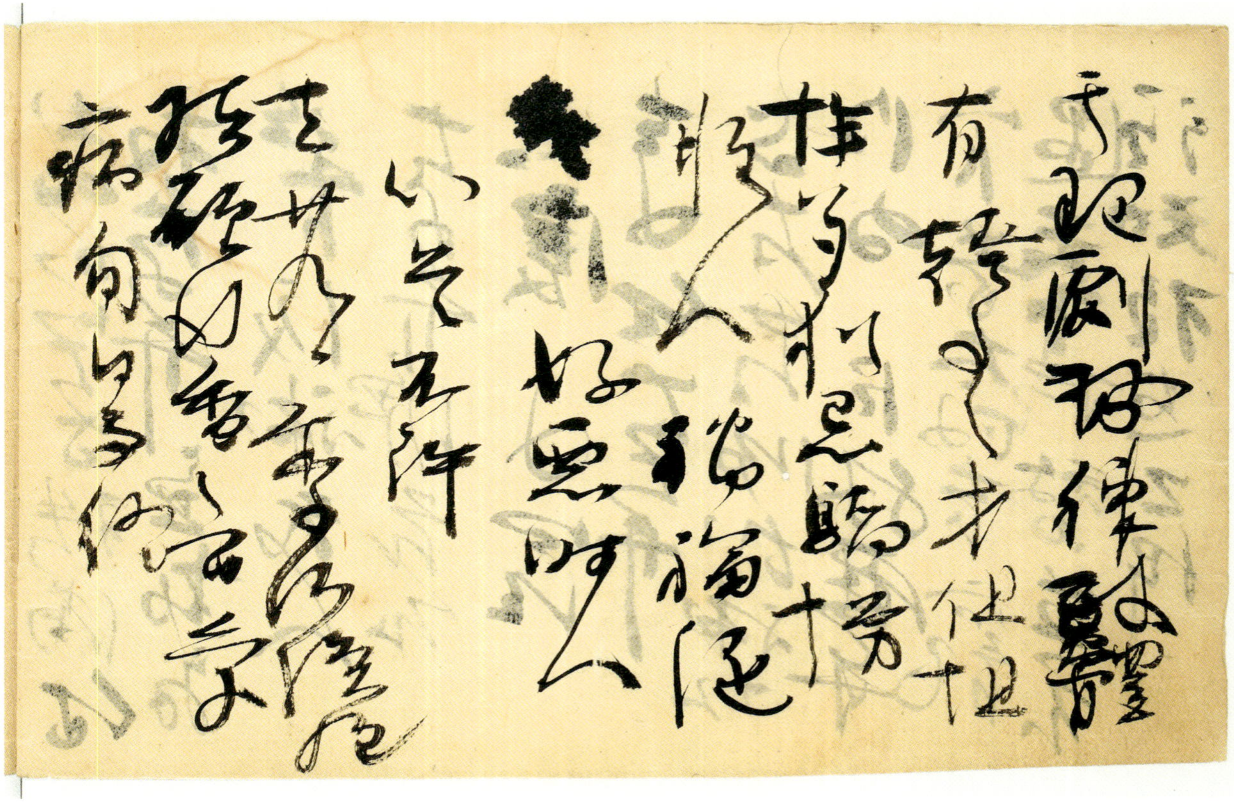

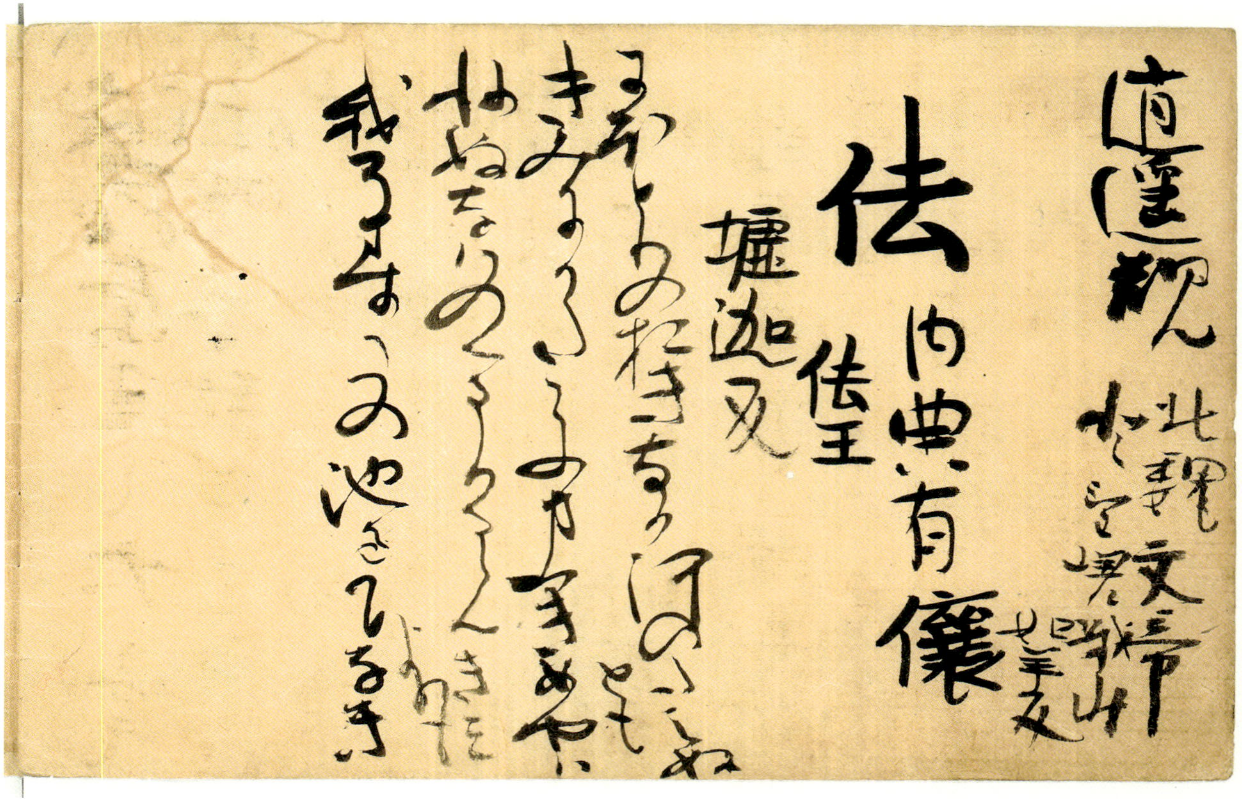

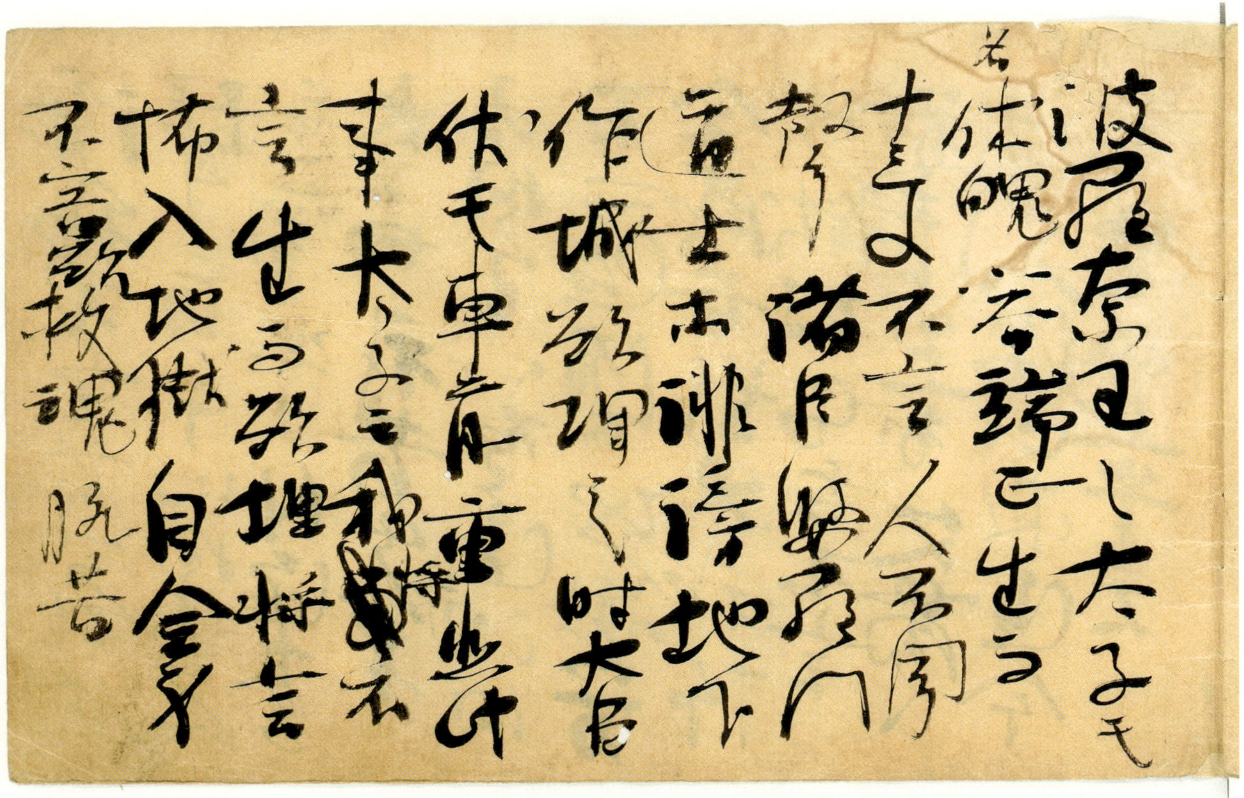

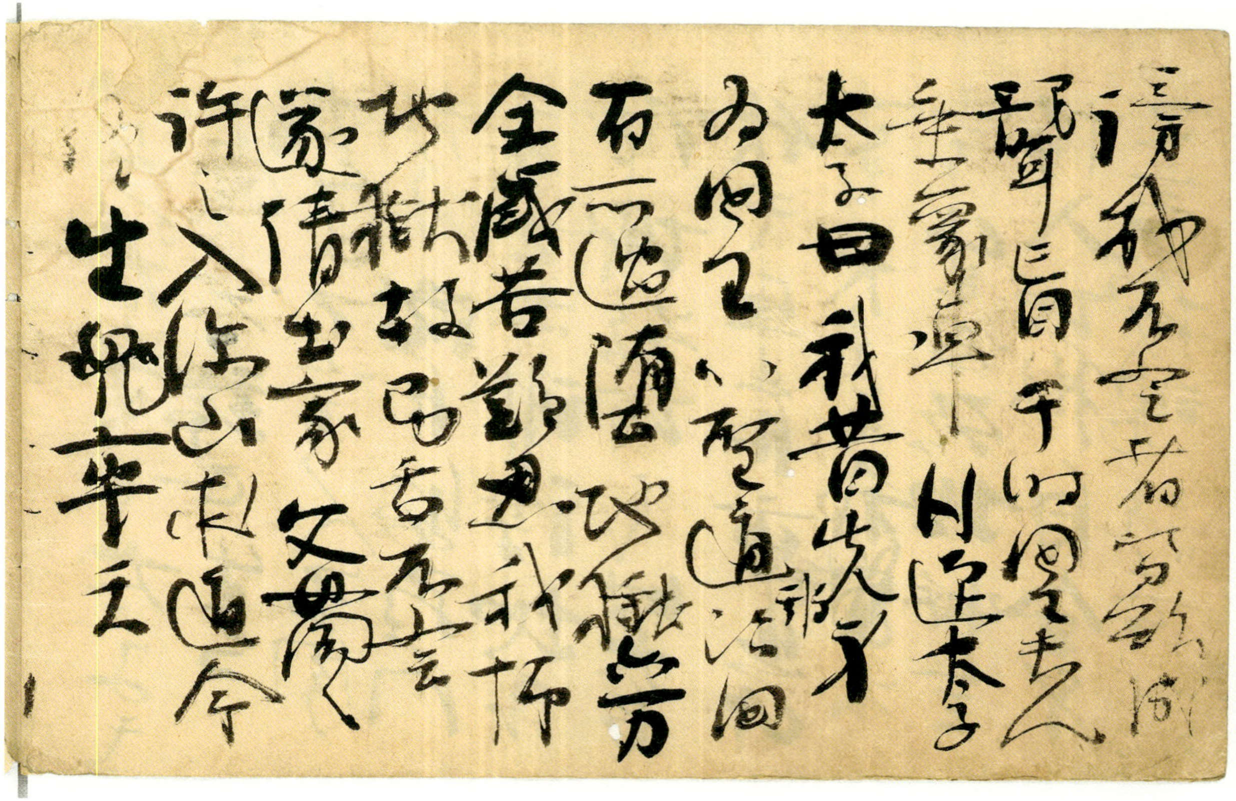

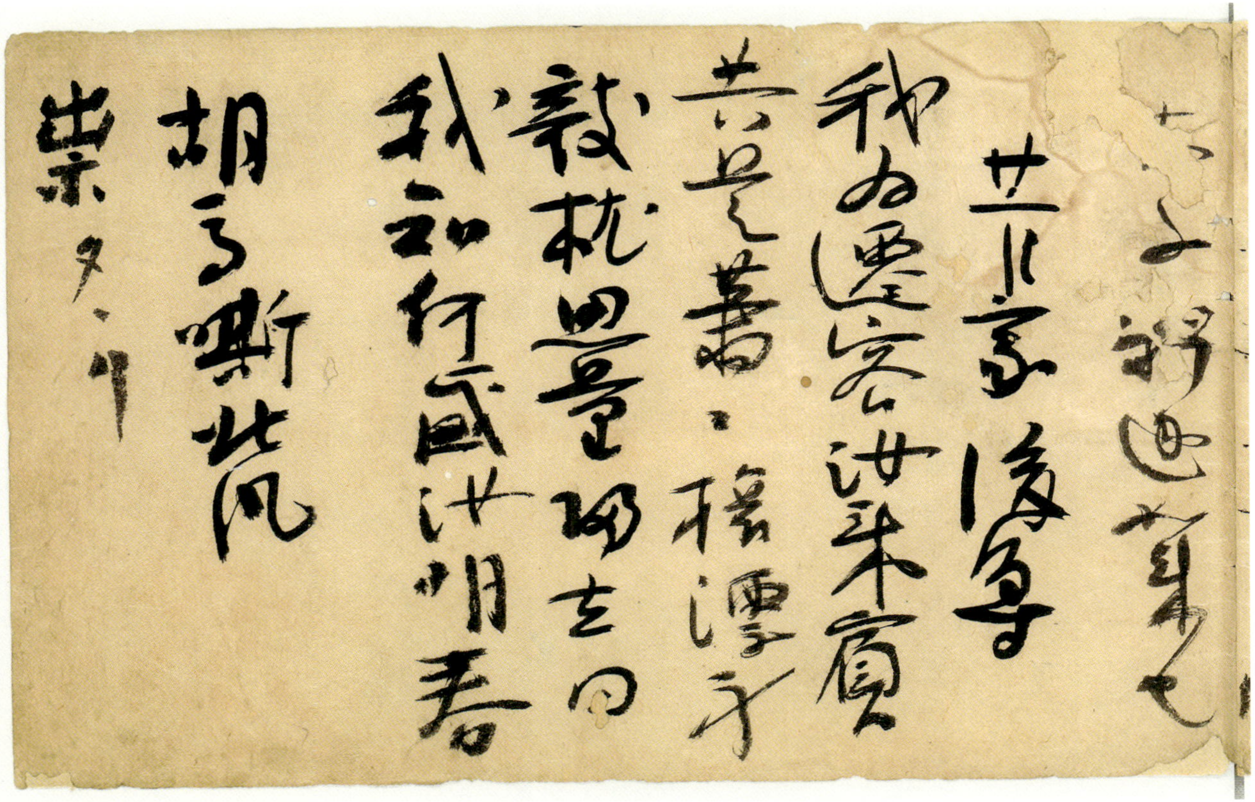

911.2
イ1227
天理図書館
439465
昭和四三年六月二十日

古今名所

天理圖書館藏

古今名所

古今名所

三よしの　かすかの　とふひの

くらふ山　みわ山

橘のこしま　ゐて

たつた山　いこの浦　ゆるき　みやこ

ときは山　あさのかはら

高砂のをのへ　をとこ山

沖つしまもり　きふね山

かさとり山　さほ山

あきかけのまつ　たつた河

みむろの山　おとは山

すゑの松山　あすかは

志賀の山　さゝなみの　いそ　かめのを

すみの江　いなりの山

あふみ　かつら山

あふさかのせき　こしのしら山

みかさの山
いつみ河　かせ山
やましな
たむけ山
いつさき
かへやは
うこの
かものやしろ

みかのはら
ありのうら
まゆらへらのうら
かくと
かつらき
よと河のやなき
かへしの宮
たかみのうらなる

みよしのは
なみくらは
さやの中山
するかは
しらかは
あるの中みち
宇治乃
ほまかのへ
すさのあゐ

伊勢のうみ
あふの山
みなせは
山しな
あさかのぬま
宇治のはしひめ
とは山
ひきのつら
みちのくのしのふもちすり

はるかなる　いさせの山
あふくさの山　しかつのみね
むさしの　大原やをしほの山
こよろきのいそ　をとは山
するかなる　のすのしみ
おほあらきのもり　かみ山
あふさか　あたちの山
たまつしま　たみのゝしま

おきつしまやま　たつのかは
布引瀧　きよたきのせゝのしらいと
いこまの山　てらね
芦屋やなたのしほやき　あさくらの山
みちのくのしのふ山　しのやの山　かつらき山　うねの野
水くきのをかのやかた　はつせ山　かさとりの山
あすかの山　あちかのうら
さゝのくまひのくまかは　きひの中山

くめのさら山　せきのふちは

なかはま　あふくま

しほかまのまかきのしま　をくろさき
みつのこしま

もかみかは　おふのうら

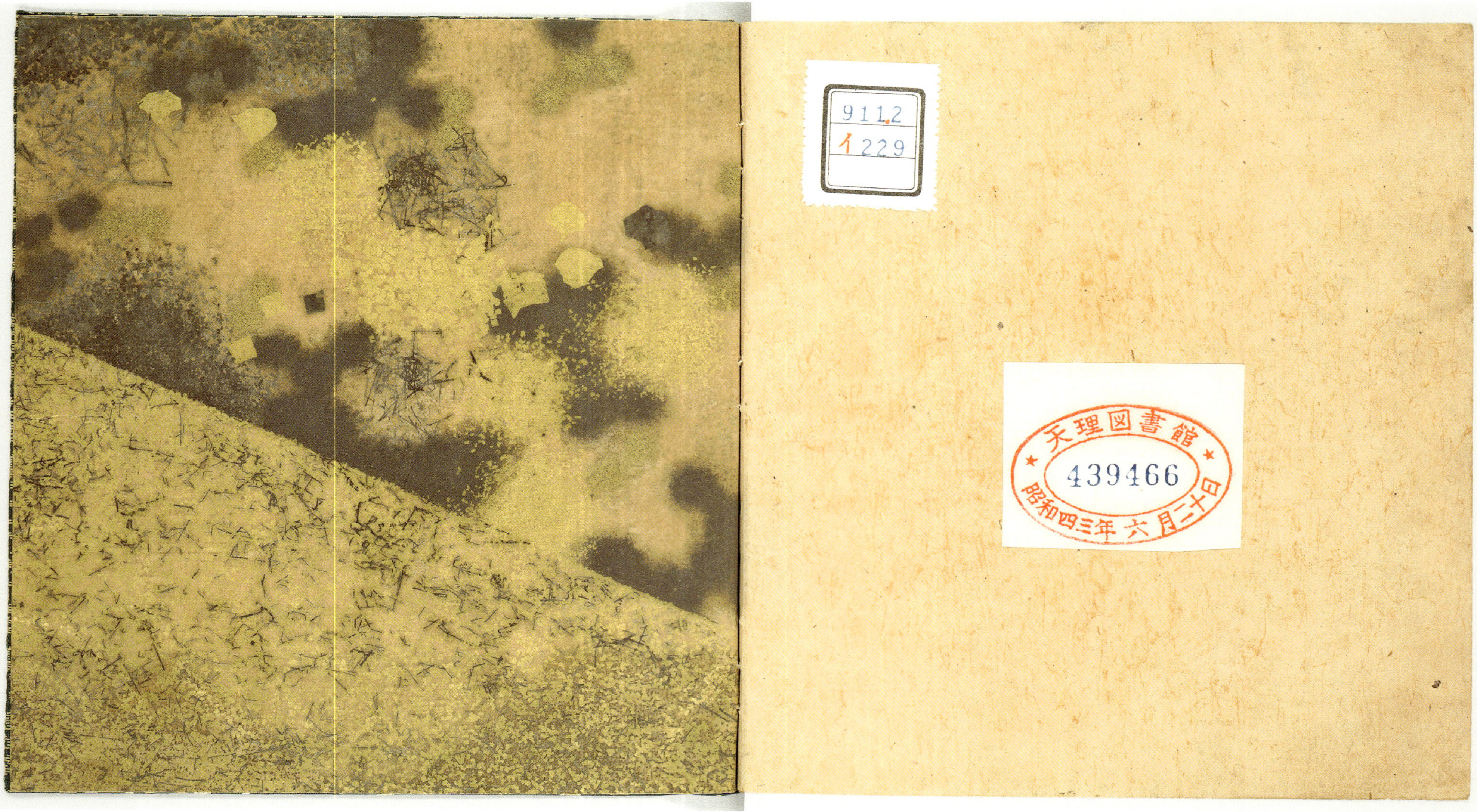
911.2
イ229
天理図書館
439466
昭和四三年六月二十日

石清水八幡宮権別当田中宗清願文案

石清水八幡宮権別当田中宗清願文案　表紙

石清水八幡宮権別当田中宗清願文案　見返し

敬白
一
立願事
別當三年 庄園をかへしたてまつるへき事
別當四ケ所
權別當之人 各三ケ所
修理別當之人 各二ケ所
修理等別當 各一ケ所
三綱三昧等 各一ケ所
已講 一ケ所 加三昧供養
已上廿ケ所 加押領廿六ケ所
此外宗清家人内一ケ所
相博別當并所領内依所出田

右當所やはたの宮ハ本地をたつぬれは
一子平等悲愍の教主垂跡をあらはしては百王
鎮護霊験の尊神済度の出現をいたしては
仲しとゝいても三界の利益ことにめくみ
かゝやかしめ給ふものゝここにをきて教法さかりに
和光のみまへにあらはれ尊崇さらに祖宗の廟に
配す佛事は十の不退をある同様まもる
これ僧官俗官の威勢をうちまもる寺役に

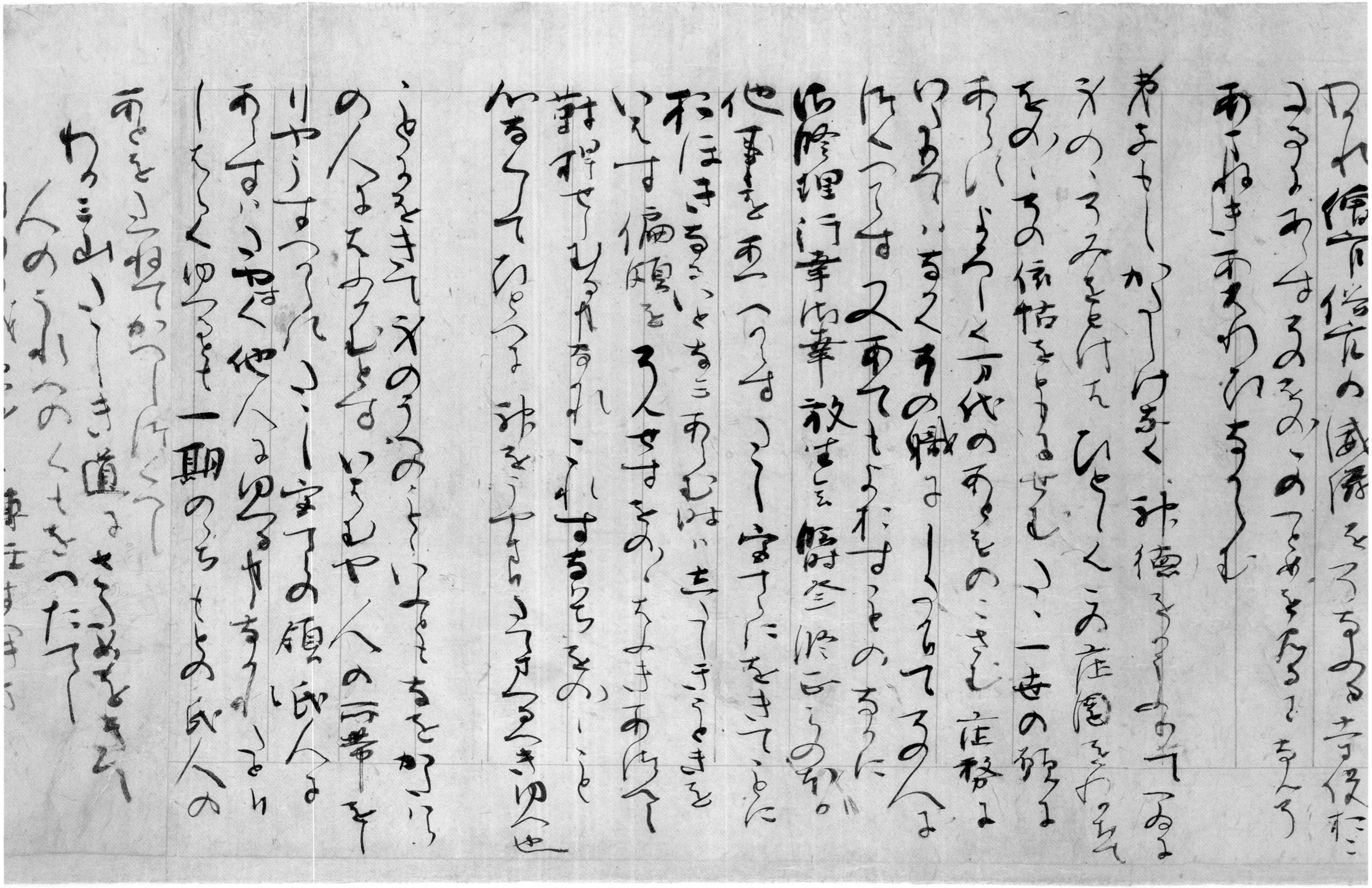

（3）　　（2）

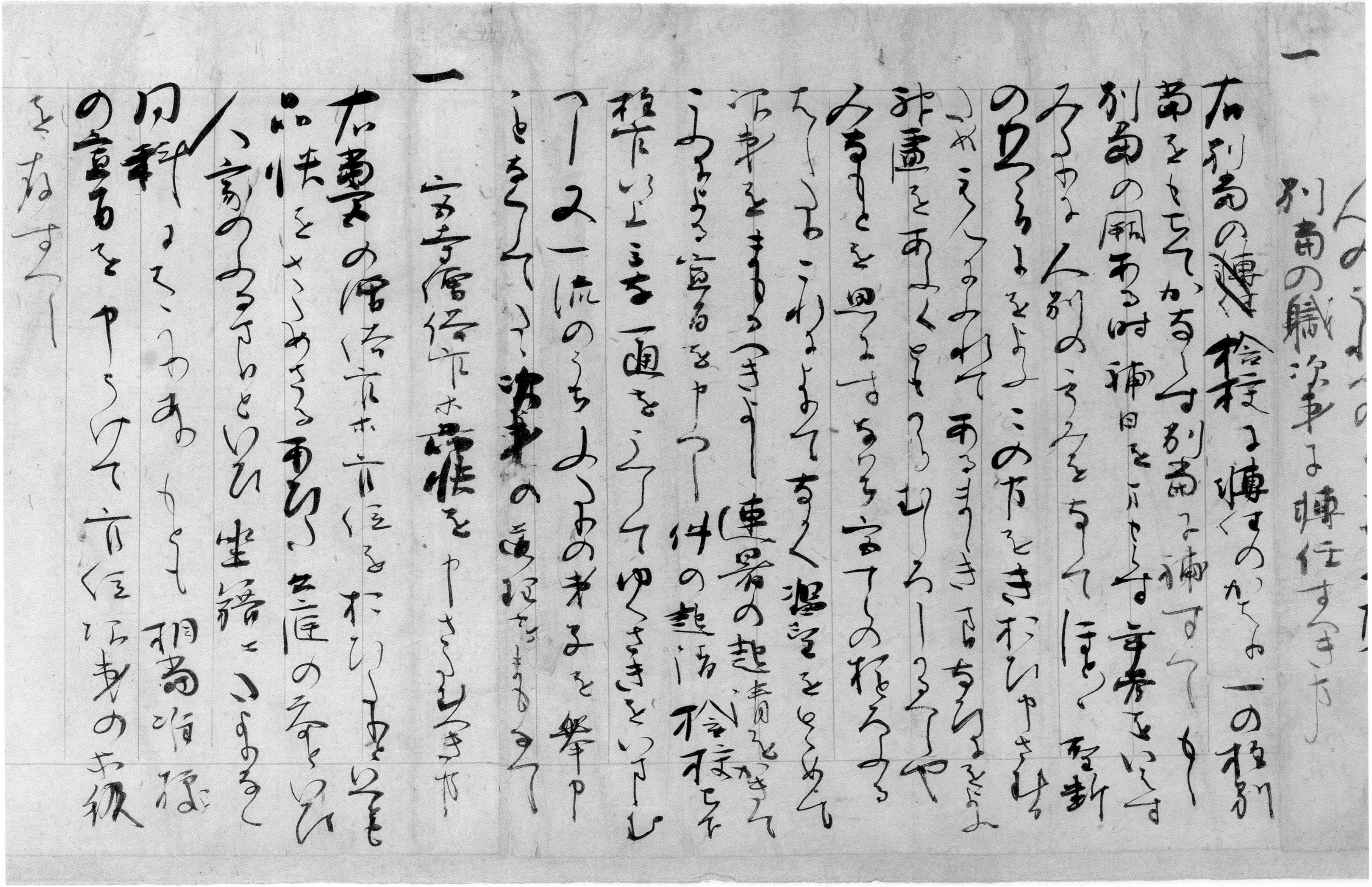

（7）　（6）　（5）　（4）

をなすへし

一 修政司入寺僧は、そのつとめをたゝしくつとむへし

右修政司六人、入寺僧十人〈修政司唯寺任女別当 入寺僧唯寺任検上座〉

このともから、碩学法器の人ひとをえらひて、此

山の執行とす。各死闕あらは、

すくなからぬ補すへし。もし器行すく

なからんものは、そのつとめをとゝむへし。権入寺

検校司をおこして一人をくはへて六人、永宣旨を

かくして検律師に任せしめて、寺領一所

をあてゝつけて、執行たる宇つけの宣

職也。入寺のすへて、そのつとめにそへて人

さためて、ひとりひとりのそのあんのためには

一向に器量をえらひて、知法をききてす

これすなはち仏神のつりて、論義法のは

執行をもて検校とすへき也。ゆへは

行教和尚上洛の時、大菩薩化現し給ふ

ましてわたるよりて、そのつとめてまゝ

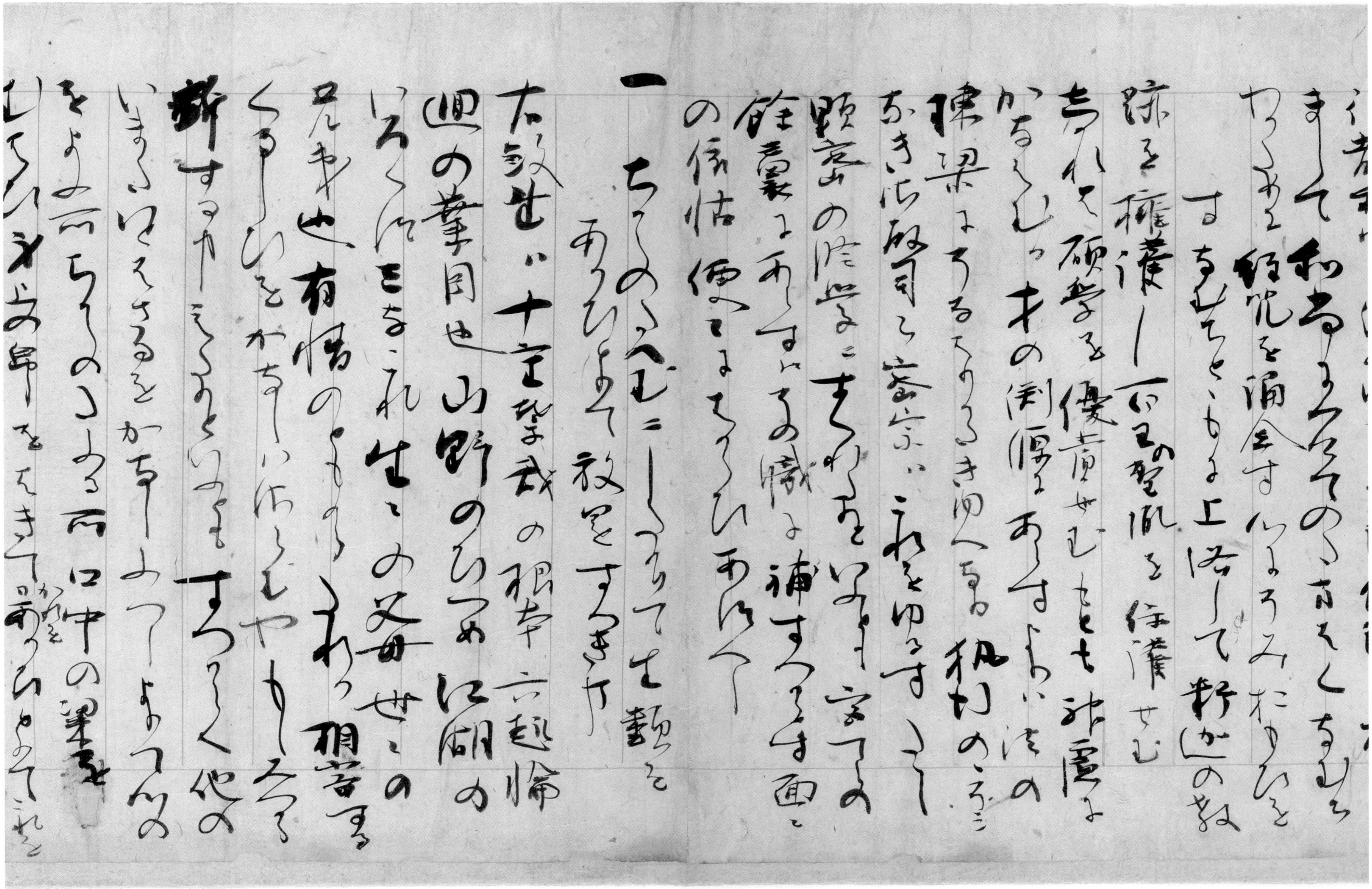

（9）

たちまちへすて

一　宗清の僧侶にちかく侍仕まつる

たきこえ召をうけて京をさりけるは

そのゆゑをたづねて物をこふちかくまで

つとめてわきまへつとむるなるへくて

宗清の僧侶　聖誓の祠官に元来の歴代

あるいは其の行をあらはしあるいはその賞を

かきとどめたる事を

ちからなき南宗の家まかす本所の

宰として御田流派の二分三分僧ら

継住をこの三　侍は験業にみける　成功の定

参尊のむねを　人のことは　あたりいつくも

まつく神のかさねてあらん

のある律功ありての偏頗なく　訴律なく

検校已下祠官ら連署の申状をあけて

宗任の所望を達せしめ　かきとめある人の

庶人のゆゑのはかり　停止の式をたきて

拝除の恩をこつて　その律功といて

山川の猶廣恩顧をねたむとの宗清の

こその　匪躬致宗　かつのときの他人を

めしとらしめらる　旦日に上奏をへて

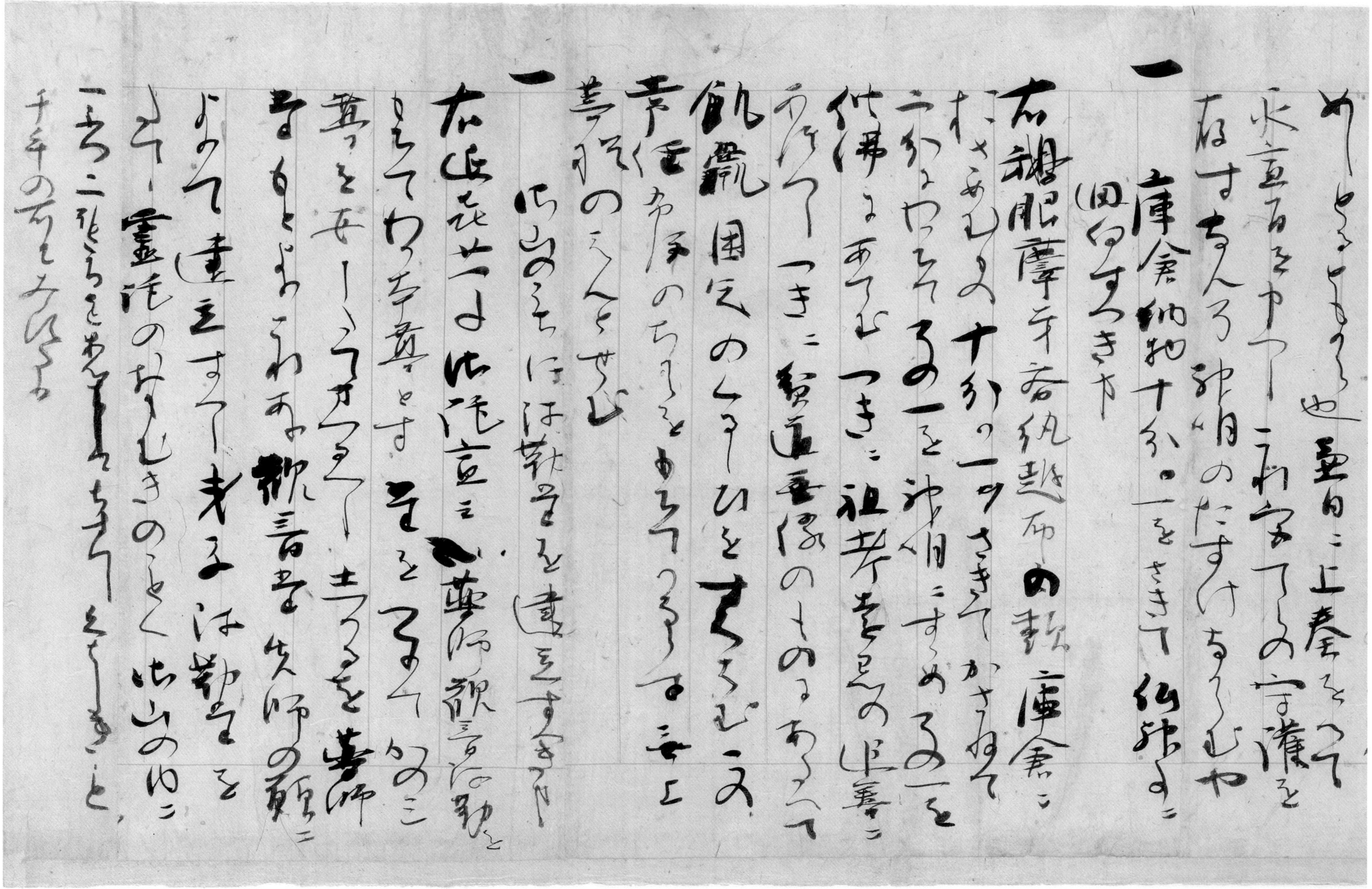

（13）（12）（11）

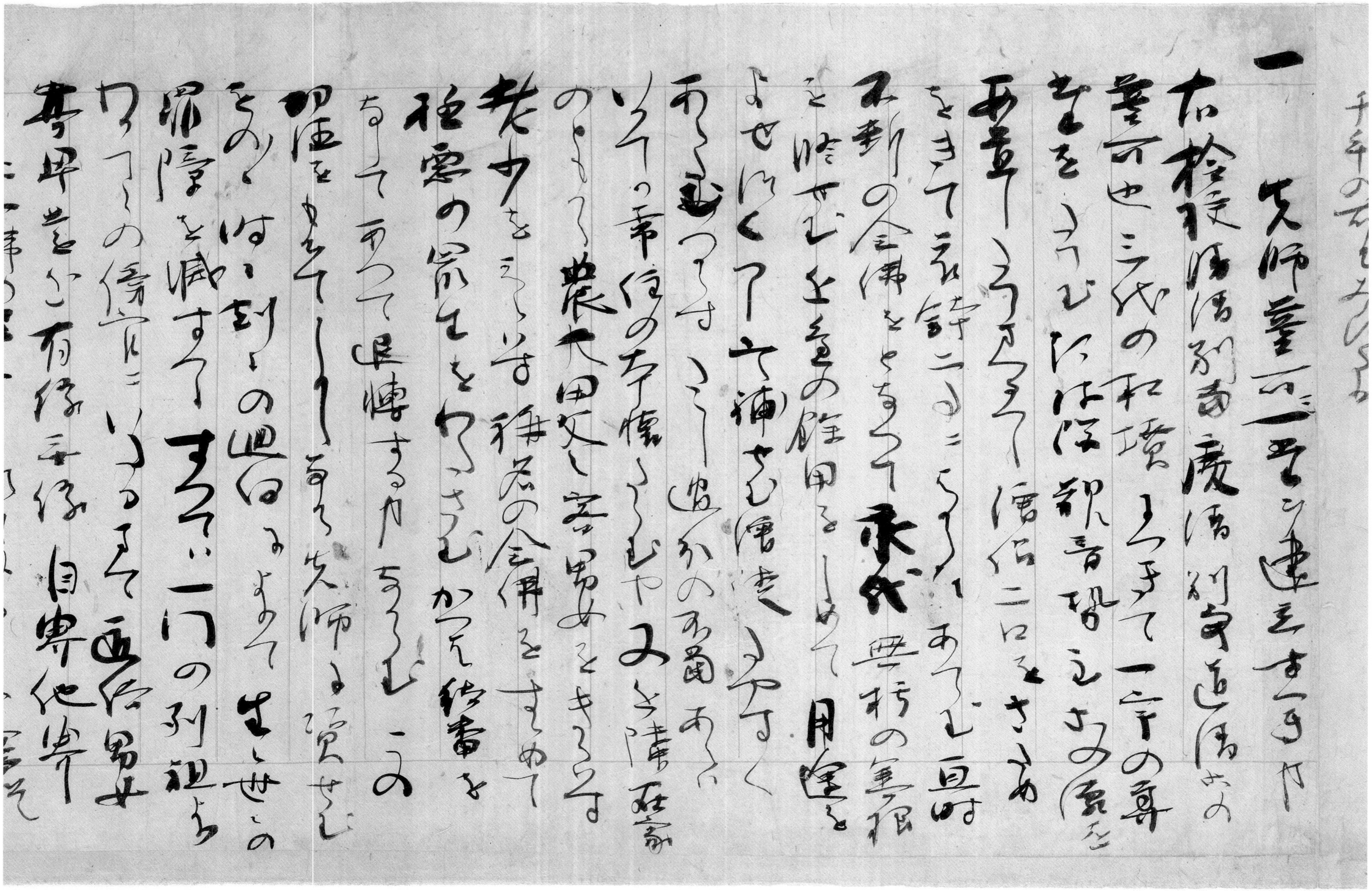

(15)　(14)

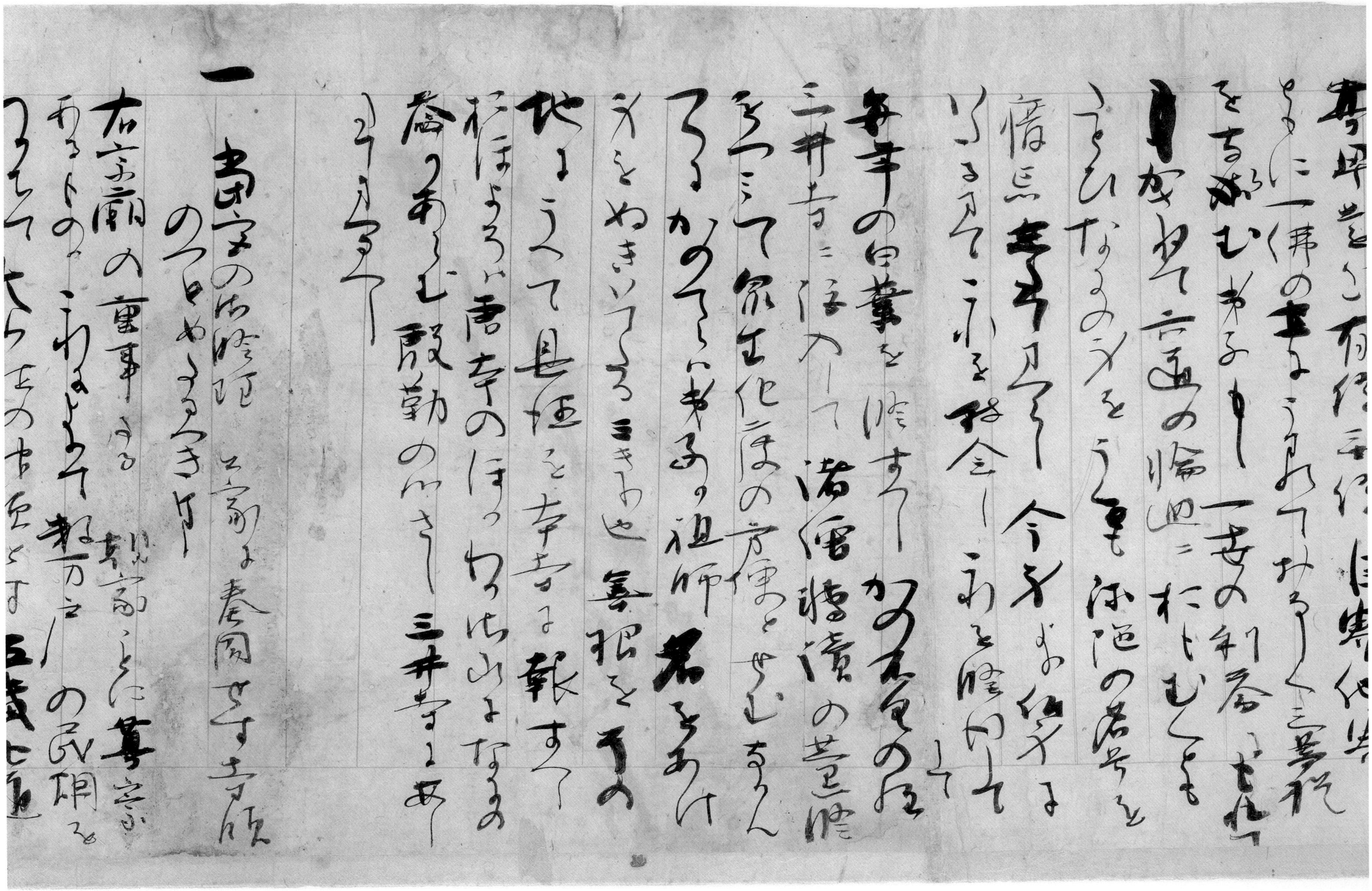

(16)

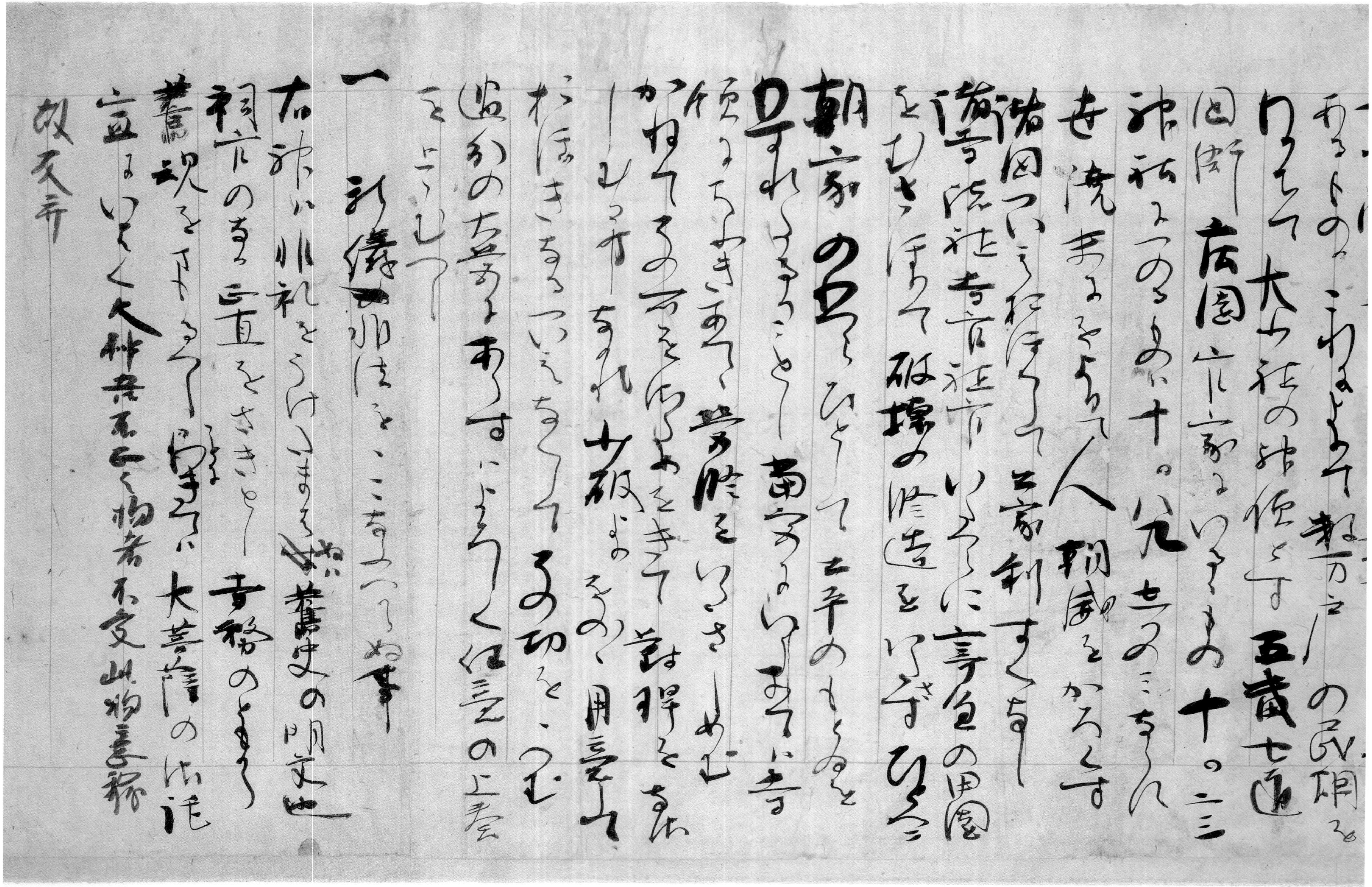

(18)　(17)

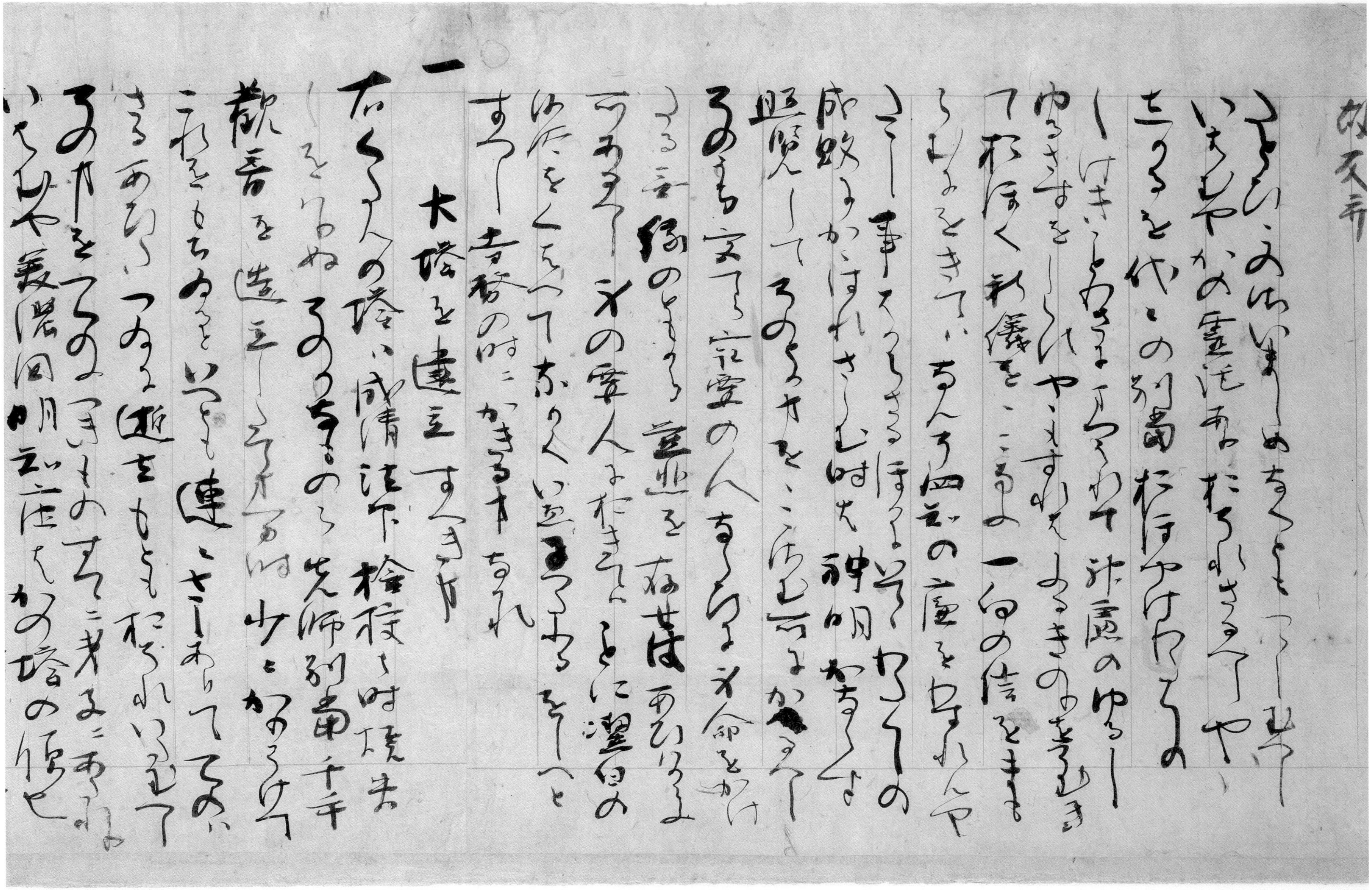

(19)

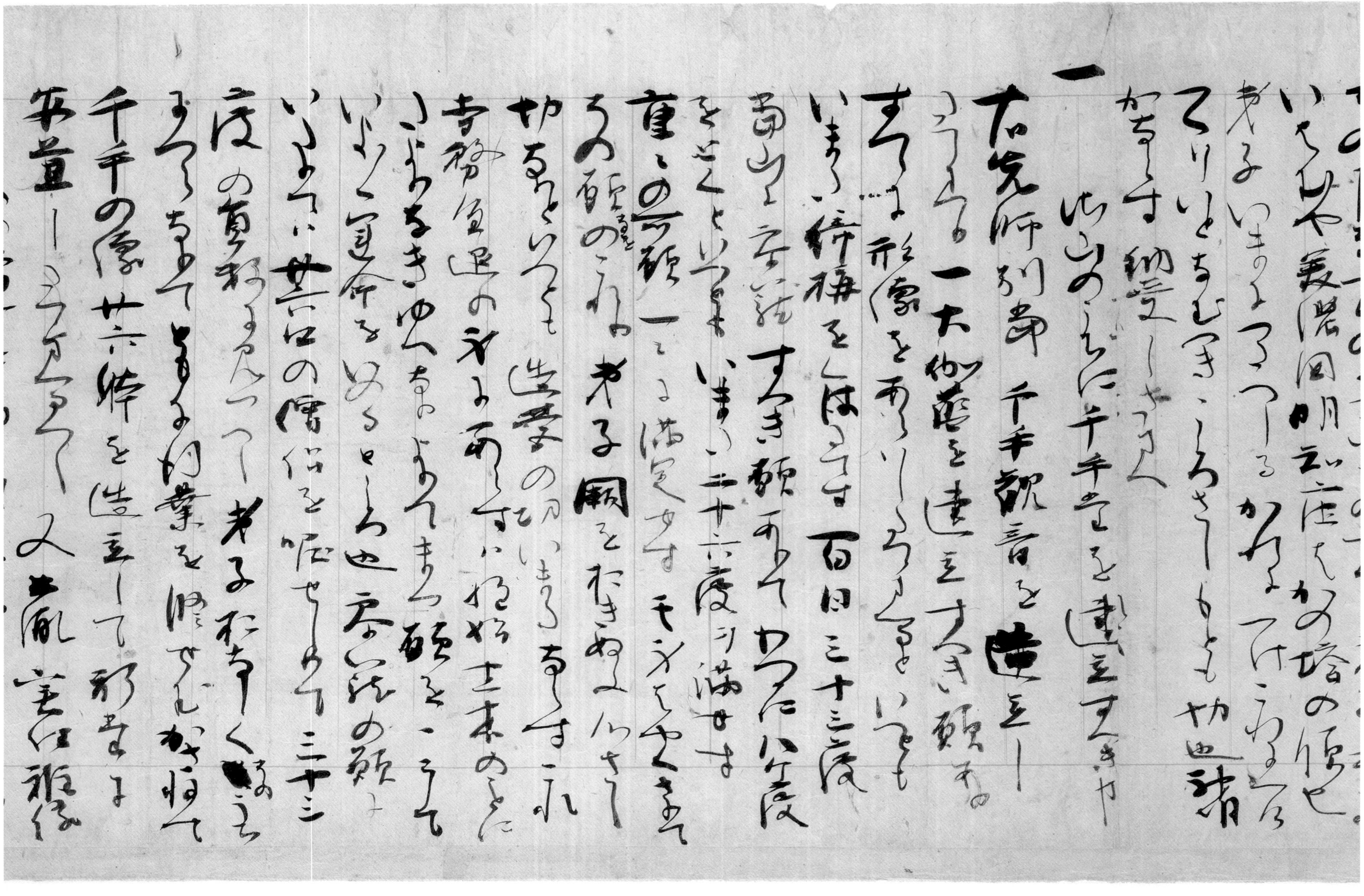

（21）　（20）

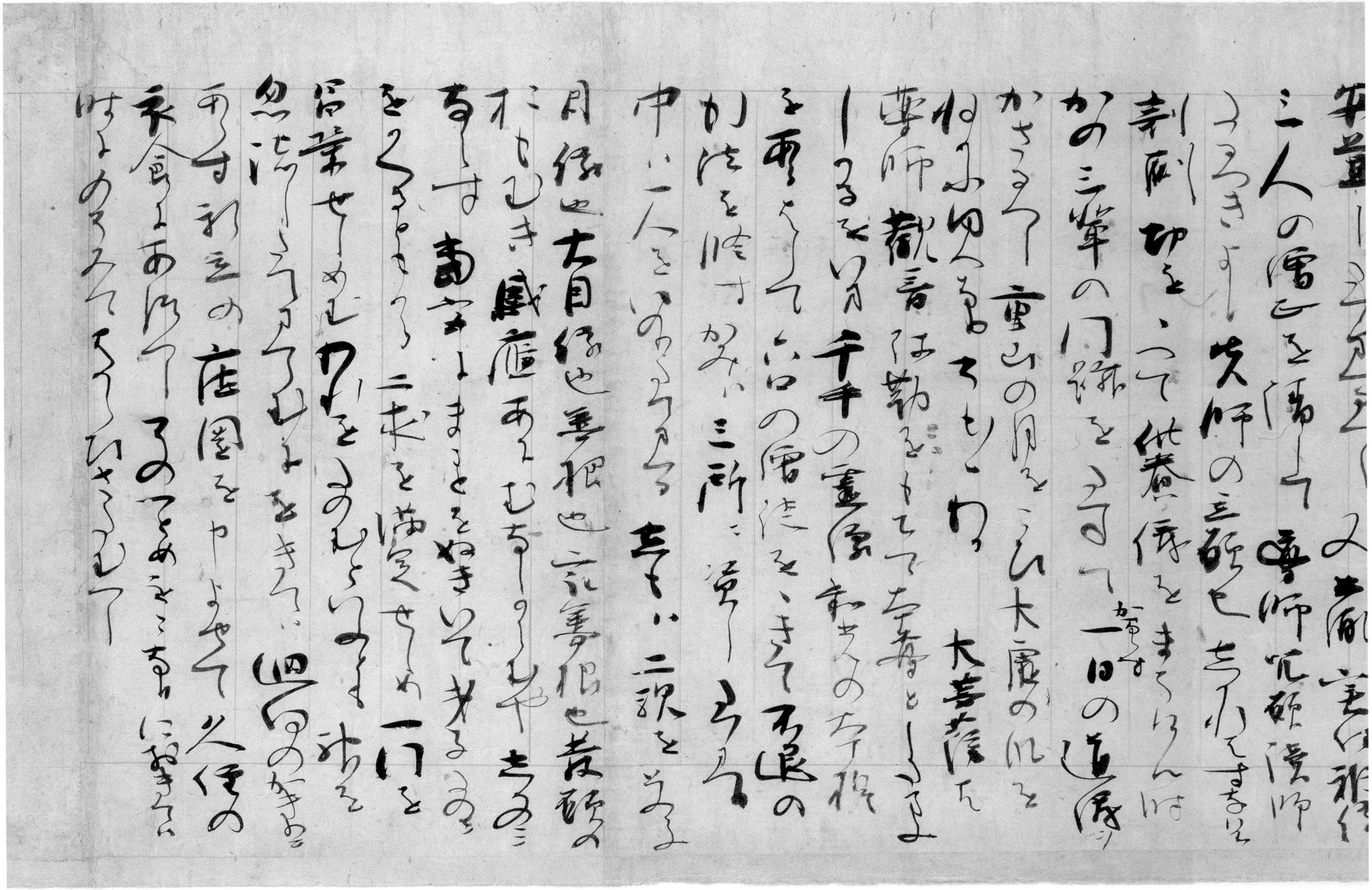

（23）　（22）

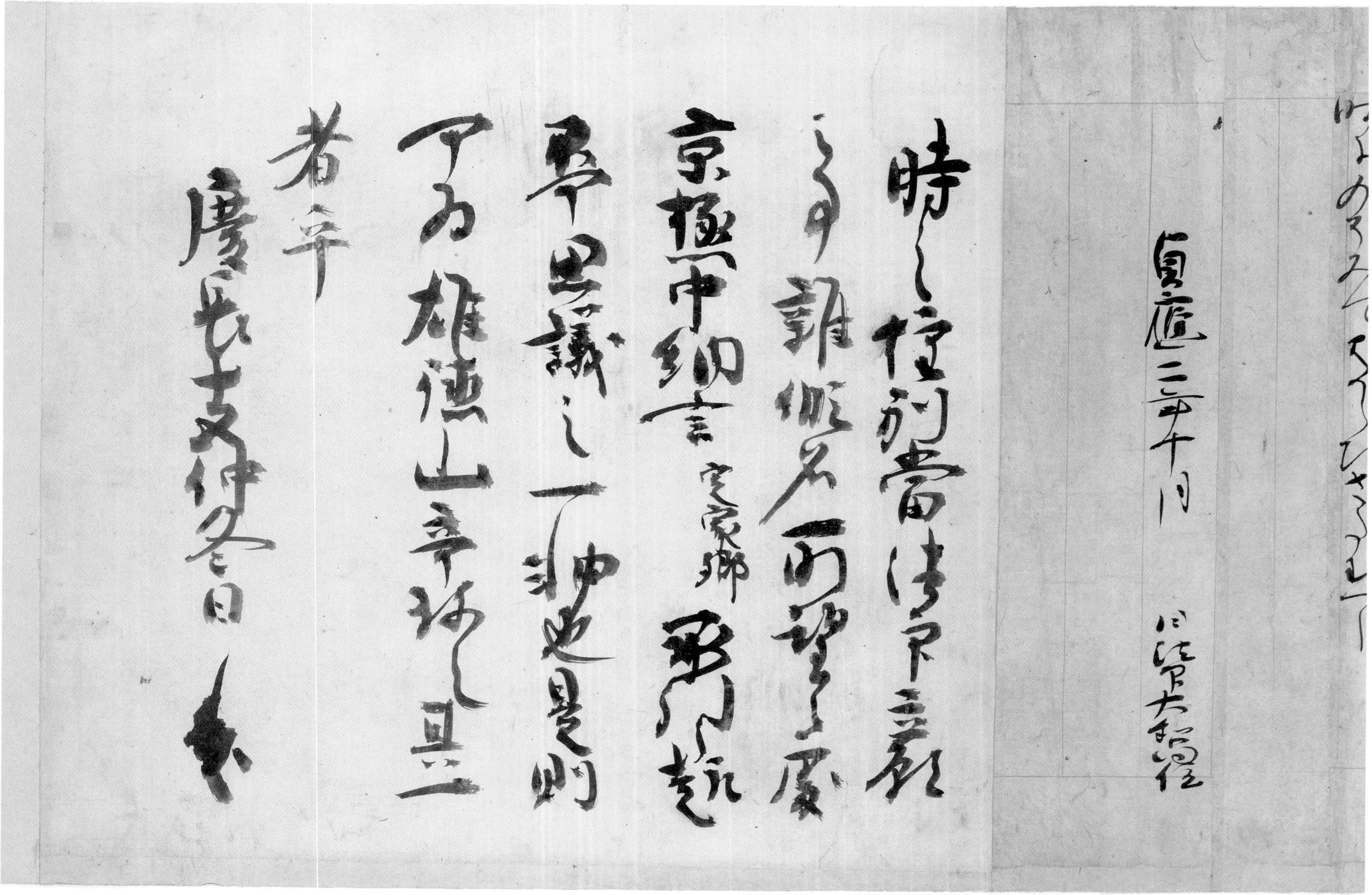

（継紙）　（24）　（23）

料紙に線描画（葦手絵様）のある箇所の原寸図版（注：線描画には強調加工を施している）

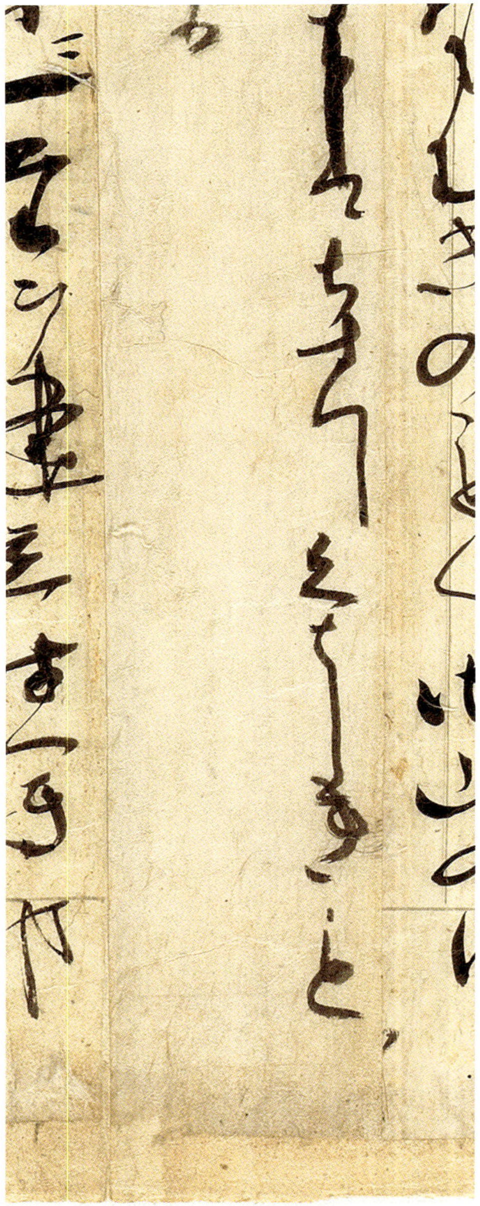

第 13 紙の下部

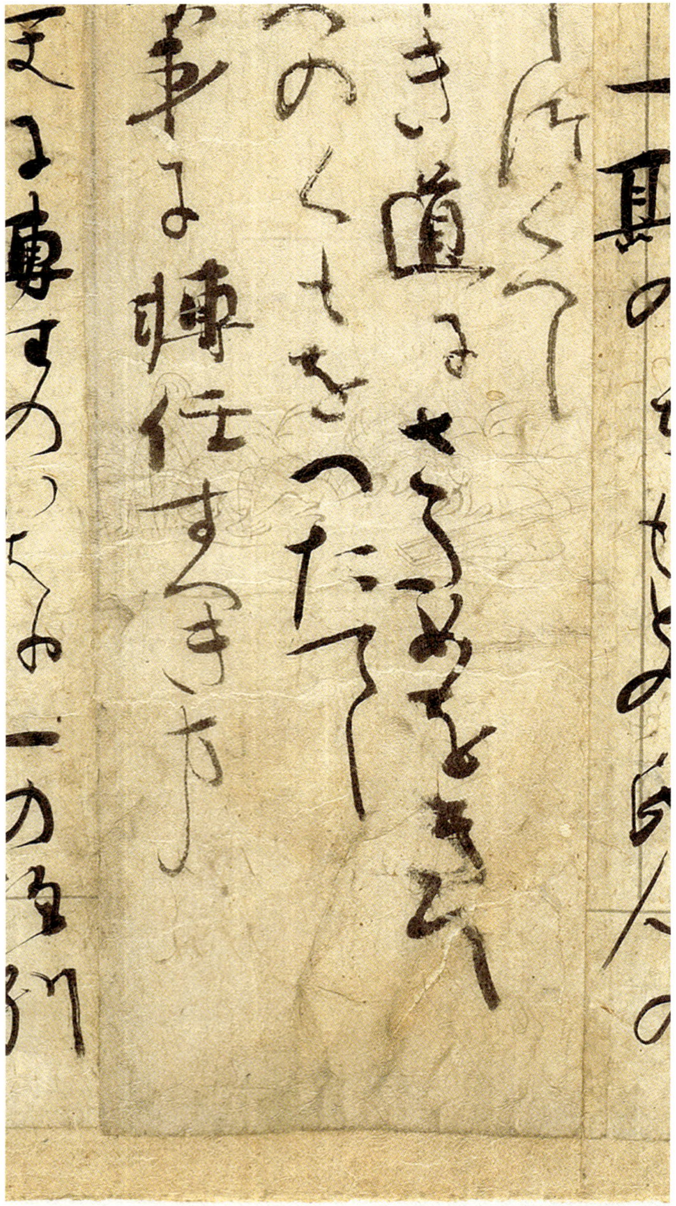

第 3 紙の下部

『定家筆古記録』解題

石田　実洋

はじめに

本巻には、藤原定家（一一六二～一二四一）が自ら作成あるいは転写した『兵範記』（平信範の日記）や朝儀の次第書、それに歌書、文書など、計八点を収める。ただし、他筆を交えるものも存する。本巻の「定家筆古記録」という書名に含まれる「記録」という語は、古記録学などという場合の「記録」よりも広い意味で用いたものであり、紛らわしい、との御批判もあろうが、便宜的に用いたものと御理解いただければと思う。また、当初本巻に収める予定であった『天文密奏』・『藤原定家消息』の二点は、定家筆とみてよいか否か疑問が残った（石田実洋・宮﨑肇「『天文密奏』・『藤原定家消息』について」〈『ビブリア』一四四、二〇一五年〉参照）ため、収載を見送ることとなった。御了承いただきたい。

定家の経歴などについては本叢書第五巻の『明月記』の解題を御参照いただきたいが、何といっても歌人としての側面があまりにも著名であろう。しかし、彼も専業の歌人であったわけではなく、まず第一に朝廷に仕える官人であった。当時は、公家社会で摂関家を頂点とする家格が整えられつつあった時期であるが、父俊成（一一一四～一二〇四）は、和歌の世界では大きな足跡を残すものの、官人としては高い地位を得る前に出家してしまう。そこで定家には、和歌の世界での地位を固めるとともに、それ相応の家格を獲得し、これを子孫に伝えていくための基盤を築く、という課題も大きかったと推測される。そうした定家の、官人としてだけではなく、また歌人としてだけでもない、その全体像を把握するには、本巻所収の諸書等に対する理解を深めていくことなども大きな手がかりとなり得るであろう。

本巻所収の八点のうち、『兵範記』を除く七点は、呉文炳旧蔵で、同編『定家珠芳』（理想社、一九六七年）に図版と解題とが収められており、『御産七夜次第』を除き、釈文も掲載されている。ただし本稿では、『定家珠芳』は常に参照していることを前提とし、参考文献には掲げていない。なお『兵範記』は、その大部分の翻刻が史料大成本に収められている（ただし、未翻刻の逸文も少なくない）。また、紙幅の制約もあり、天理大学附属天理図書館の蔵書印・登録印などに関する記述は省略し、史料本体ではない付属品についての記述も、特記すべきことがない限り、必要最少限にとどめるか、あるいは省略した。史料の装訂や表紙などの装飾、紙質については、研究者によって異なった呼称を採用していることも多いため、本稿では基本的に天理大学附属天理図書館の稀書目録の記載によった。

ところで、本叢書では、漢字は新字使用を原則とし、引用文などでは「適宜原本の用字に従う」こととなっている。しかし、本巻所収の史料には、字体を厳密に判別できない文字も多く見出せるため、本巻では、全体として新字使用を原則とすることにした。また、本叢書影印部分の柱で示している丁数は、原則として墨付のある丁のみを数えた丁数であるが、本巻では、便宜上、遊紙も含めた全体での丁数で記述した部分がある。勿論、文脈により明らかに区別できるように表現したつもりである。なお、『釈奠次第』の第二丁裏以降第十一丁表までは、墨付のない見開き部分はいずれもその影印が収められていないが、これは、撮影技術上の問題で、史料を痛めないための措置とのことである（『釈奠次第』中扉裏図版参照）。

本稿作成にあたっては、ともに原本調査にあたった宮﨑肇氏より多大な御助力を得た。記して謝意を示したい。

兵範記

本書は、定家自らが、平信範（一一一二〜一一八七）の日記『兵範記』を書写したものである。

書誌的事項

巻子本一軸。新補の表紙は金銀箔散薄茶色で、表紙見返しは銀切箔散とされている。料紙については、稀書目録に記載がないが、楮紙とみられる。外題・内題・奥書などはない。表紙を除き、全十一紙であるが、記載内容をみると、①第一紙〜第四紙＝仁安二年七月一日〜四日、②第五紙＝同月二十七日、③第六紙〜第八紙＝同年閏七月一日〜十九日、④第九紙＝同月二十五日〜八月一日、⑤第十紙〜第十一紙＝同年八月一日〜十日、の五断簡からなることがわかる。法量は、第一紙は約二七・七cm×四九・六cm、第二紙は約二七・七cm×四六・五cm、第三紙は約二七・七cm×四六・七cm、第四紙は約二七・七cm×四八・四cm、第五紙は約二七・八cm×四五・三cm、第六紙は約二七・八cm×四六・六cm、第七紙は約二七・七cm×五一・二cm、第八紙は約二七・七cm×四六・三cm、第九紙は約二七・八cm×五〇・二cm、第十紙は約二七・八cm×五二・五cm、第十一紙は約二七・八cm×五二・九cmで、紙高はほぼ一定であるが、紙幅が区々であるのは、断簡化してしまった結果であろう。全体に横界があり、第一紙〜第四紙は天界二本・地界一本、第五紙以降は天地各一本。第八紙の末尾六行分には、例外的に天界が二本ある。裏打のために判然としない部分もあるが、特に後半に紙背文書を剝がした痕跡が散見する。第十紙とその前後を中心に、薄く左右反転した文字がみえるが、これについては後述する。第一紙右下に印文「宝玲文庫」の方形朱印一顆があるが、これはフランク・ホーレーの蔵書印である。

本書は二重の箱に収められており、外箱の蓋上に「巻物□京極黄門真跡」との墨書がある。この「物」字と「京」字との間にある貼紙に「定家卿御筆／四番リ」、この墨書の右上にある貼紙に「兵範記仁安二年」とある。さらに箱身の貼紙には、「定家□〔白カ〕［　／兵範記／仁安二年」との記載がある。内箱には、蓋上に「記録　定家卿筆」、蓋裏に「外題書付宗甫／宗友記之（花押）」とある。近江小室藩の初代藩主で、茶人、建築家として、さらに定家様の書でもしられる小堀政一（一五七九〜一六四七）、すなわち小堀遠州の道号を大有宗甫というから、「宗甫」とあるのは彼のことであろう。「宗友」とあるのは、同藩第六代にして最後の藩主小堀政方（一七四二〜一八〇三）の号。外箱内に付属書類が六点収められており、受入時のメモと思しき二点を除くと、極札二枚（参考図版二一頁参照）、文化四年十二月付の「入記」一通（参考図版二〇頁参照）、「定家記録巻物」と記載された旧付札と思しき一枚とである。このうち、極札二枚はそれぞれに包紙がある。さらにその包紙ごと極札二枚を収める包紙があり、その極札二枚全体の包紙には「極札弐通江戸古筆了延京神田定武」との墨書がある。極札の、包紙に「極札」とある一枚には、表に「京極黄門定家卿仁安二年七月（印）」（印は印文「琴／山」の方形黒印一顆）、裏に「記録拾一枚継巻物　辛卯四（印）」（印は印文「了延」の楕円形黒印一顆）とある。もう一枚の、包紙に「定家卿記録極札」とある極札には、表に「定家卿古記録ヲ被書十一枚継七月仁安二年（印）」（印は印文「養／心」の郭なし方形黒印一顆）、裏に「一巻　戊子六（印）」（印は印文「神田定武」の方形黒印一顆）とある。なお、二枚とも、裏面の右上に、印文不明の方形朱印一顆が割印のように捺されている。「入記」は、「入記定家卿筆」と墨書のある包紙に収められた折紙一通で、「入記／定家卿筆　一巻／仁和〔安〕二年七月閏七月八月／紙数十一枚墨付／軸　象牙／裱紙金銀砂子霰／服紗紫縮緬／筥　嶋桐損有之／銘書小堀遠州侯筆／裏書有之／極札弐通古筆了延神田定武／外箱　桐／文化〔四〕三年十二月」とあり、本書の装訂などに関し参考になろう。

平信範の日記は、彼の極官である兵部卿から「兵」字、諱信範から「範」字をとって「兵範記」と称され、他に「平兵部記」・「人車記」・「平禅記」・「平兵記」などの異称もある。筆録期間は、欠けている部分も多いが、長承元年（一一三二）から元暦元年（一一八四）にわたる。同記には、信範自筆他によるとされる清書本（以下、清書本と称する）が現存し、陽明文庫と京都大学附属図書館・京都大学総合博物館とに分蔵されている。しかし、同本が筆録期間の全てをカバーするわけではなく、これにつぐ古写本で、また、まとまった分量を有するものとして注目されるのが、定家が自ら書写、あるいは雇筆をもって書写せしめたとされる写本（以下、定家本と称する）である。

現存する定家本では、最も原状に近い形態をとどめているものとして、宮内庁書陵部所蔵『平兵部記』（函架番号五五三―二〇で、全十四軸。ただし第一軸は、『兵範記』ではなく『家通卿記』である）がある。同本には、明治期に冷泉為紀（一八五四〜一九〇五）によって付されたとみられる濃紺の表紙があり、朱書で「平兵部記」との外題が記されている。また、その現表紙と本文第一紙との間に旧表紙が残されている巻があり、定家筆で「平兵部」と記された旧外題がみえる。この写本は、冷泉家に伝来し、大正二年（一九一三）になって同家より皇室に献納され、その後、宮内庁の三の丸尚蔵館、ついで書陵部に移管されたものである。その他、断簡化した後に再び成巻されたり、記録切として伝来するなどしたものが冷泉家時雨亭文庫・陽明文庫などに蔵されているが、定家本全体として、天界二本・地界一本、あるいは天地各一本の横界があることが多く、また、しばしば紙背文書を有するか、あるいは紙背文書を剝がした痕跡を有することなどが共通する特徴として指摘できる。なお、その紙背文書の年次比定から得られた結論として、定家本の書写は仁治元年（一二四〇）以降と推定されている。定家は仁治二年八月二十日に没しているから、この『兵範記』書写は最晩年における事業ということになろう。また、定家は他に、『春記』（藤原資房〈一〇〇七〜一〇五七〉の日記）や『長秋記』（源師時〈一〇七七〜一一三六〉の日記）などの書写をおこなったこともしられている。

さて、本書もそうした定家本のうちの一軸ということになるのであるが、定家本全体を本文の筆跡に注目してみていくと、①全文が定家により書写されているもの、②定家筆と雇筆と思しき筆とを交えるもの、③全文が雇筆と思しき筆跡で書写されているもの、の三つに分類することができる中で、①に属するものといえる。小堀政方や「入記」のいうように、内箱の蓋上の墨書が小堀政一の筆によるものであるとすれば、早くに冷泉家より流出し、江戸前期には小堀家の蔵するところとなっていたのであろう。本書の所収年月日については前述したが、現存する『兵範記』の清書本と定家本との所収年月日とを別表にまとめておいた。この表でもわかるように、本書の収める記事は全て清書本にも存するものということになる。しかし、だからといって本書の『兵範記』のテキストとしての価値を過小に評価すべきではなく、（他の所収年月日が重なる諸本も同様であるが、）清書本と定家本との距離を測る絶好の素材とみるべきであろう。

ところで、前述の如く第十紙とその前後を中心として、薄く左右反転した文字がみえる。これは、本書自体の紙背文書ではなく、いわゆる墨映文書とみて間違いないであろう。文書を反古として再利用したりするに際し、紙の繊維を引き締めることなどを目的として、一紙ごとに重ね合わせ、これを湿らせた上で重しを加えたり、あるいは打紙加工を施したりすることがある。こうした作業の結果、もともと墨付のあった紙面と重ね合わされた面にその墨付が滲み映ったものを墨映文書などと称するのであるが、それでは、本書の墨映はどのような墨付が映り込んだもので

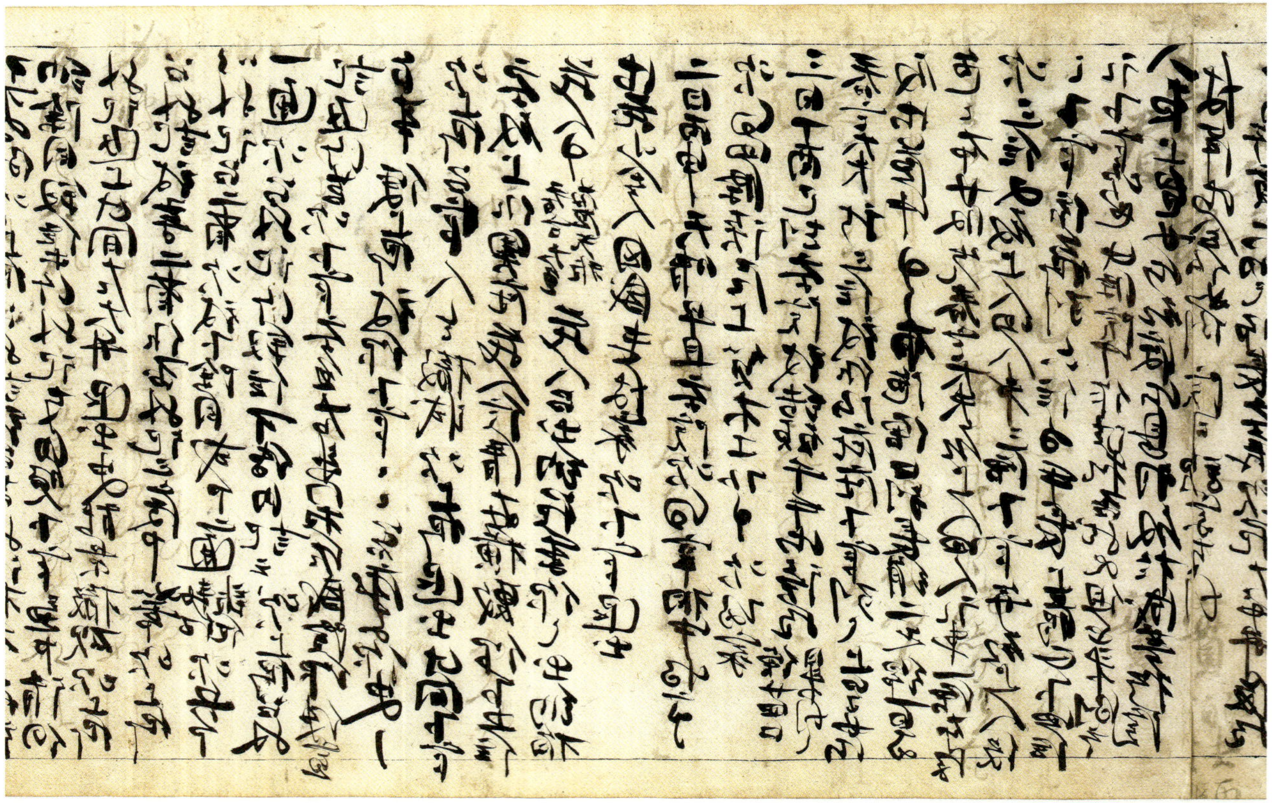

参考図版①　『兵範記』第 10 － 11 紙継目付近の左右反転図版（墨映文書を強調加工）

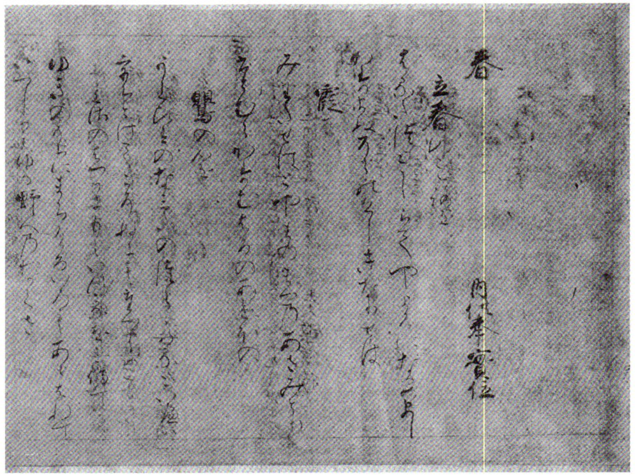

②

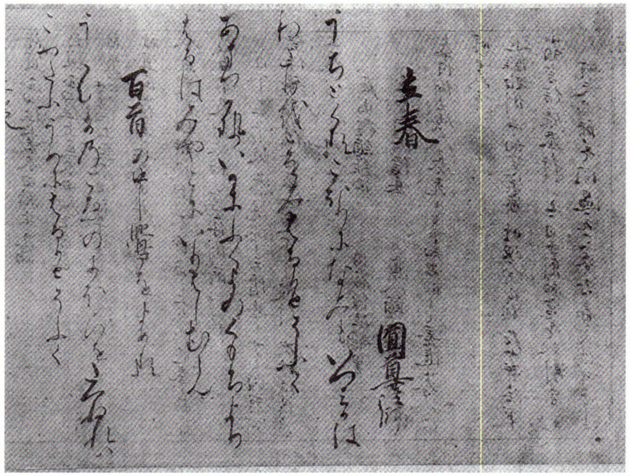

③

参考図版②③　宮内庁書陵部所蔵『平兵部記』第 14 巻紙背

あろうか。参考図版①として、当該部分の写真を左右反転させたものを掲げておいたが、右下に「実胤法□〔師〕」という人名がみえ、次行上部には「春」と部立の如きものがみえる。その後は判然としない部分が多いが、左上の部分などをみると、和歌の如きものが書き連ねられていたのではないか、と推測できる。現時点では、残念ながらここに映り込んだ文書そのものを見出すことはできなかったが、宮内庁書陵部所蔵『平兵部記』第十四巻の紙背に参照すべきと思われるものが存する。その一部を参考図版②・③として掲げておいたが、②はまず「内供奉実位」と記し、「春」という部立のもと、詞書と和歌とを書き連ねている。③は「円尊法師」と記した後、詞書と和歌とを書き連ねている。恐らくこれらは、定家のもとで、本書墨映の「実胤法□〔師〕」も合わせ少なくとも三名の僧それぞれの私家集を編もうとして反古とされたものではなかろうか。勿論、もともと編まれていた三名の僧の私家集を転写した、といった他の可能性を排除するつもりはないが、一案として記しておきたい。

【参考文献】

石田実洋「武田科学振興財団杏雨書屋所蔵『兵範記』について」（『日本歴史』六七六、二〇〇四年）

同「冷泉家旧蔵本『兵範記』仁安元年十二月記・仁安三年八月記の復原」（『古文書研究』七四、二〇一二年）

井上幸治「延宝五年の『兵範記』分与について」（『立命館文学』五八五、二〇〇四年）

上横手雅敬「「人車記」解説」（財団法人陽明文庫編『陽明叢書　記録文書篇　第五輯　人車記四』〈思文閣出版、一九八七年〉所収）

同「兵範記と平信範」（京都大学総合博物館編『日記が開く歴史の扉―平安貴族から幕末奇兵隊まで―京都大学総合博物館図録』〈京都大学総合博物館、二〇〇三年〉所収）

五味文彦「藤原定家の写本形成」（同『明月記の史料学』〈青史出版、二〇〇〇年〉所収）

辻彦三郎『藤原定家明月記の研究』（吉川弘文館、一九七七年）

西田直二郎「兵範記について―自筆本の研究―」（同『日本文化史論考』〈吉川弘文館、一九六三年〉所収。初出は一九一六年）

平林盛得「冷泉家旧蔵『長秋記』『平兵部記』の史料的価値について」（宮内庁三の丸尚蔵館編『三の丸尚蔵館展示会図録　古記録にみる王朝儀礼』〈財団法人菊葉文化協会、一九九四年〉所収）

米田雄介「『兵範記』と近衛基煕」（同『摂関制の成立と展開』〈吉川弘文館、二〇〇六年〉所収。初出は一九八四年）

冷泉家時雨亭文庫編『冷泉家時雨亭叢書　第六十一巻　古記録集』（朝日新聞出版、一九九九年）

【別表】『兵範記』の清書本と定家本

※「清書本・定家本」欄では、清書本を上端から、定家本をそれより二字下げにて記載した。

年	月日	清書本・定家本	備考
長承元年（一一三二）	七月一日～十二月三十日		
仁平二年（一一五二）	正月一日～二月二十八日		
	三月一日～二十九日		
	四月一日～六月三十日		
	七月一日～九月三十日	京都大学附属図書館所蔵平松文庫本『兵範記』	平安末期写、京都大学史料叢書（思文閣出版、以下A）参照
	十月一日～十二月三十日		
仁平三年（一一五三）	正月一日～六月二十九日		
	七月一日～閏十二月二十九日		
久寿元年（一一五四）	正月一日～三月二十八日		
	四月一日～六月二十九日		
	四月十二日～六月二十九日	陽明文庫所蔵『人車記』	平安末期写、陽明叢書（思文閣出版、以下B）参照
	七月一日～十二月三十日		
久寿二年（一一五五）	正月一日～六月二十九日		
	七月一日～九月三十日	京都大学附属図書館所蔵平松文庫本『兵範記』	平安末期写、A参照
	十月一日～十二月二十九日		
保元元年（一一五六）	正月一日～三月三十日		
	四月一日～六月二十九日		
	七月一日～閏九月三十日	陽明文庫所蔵『人車記』	平安末期写、B参照
	十月一日～十二月二十九日	京都大学附属図書館所蔵平松文庫本『兵範記』	平安末期写、A参照
保元二年（一一五七）	正月一日～三月二十九日		
	四月一日～七月二十九日		
	八月一日～十七日	陽明文庫所蔵『人車記』	平安末期写、B参照
	八月十八日～二十九日		
	九月一日～二十三日		
	十月一日～十二月二十九日	京都大学附属図書館所蔵平松文庫本『兵範記』	平安末期写、A参照
	十一月十五日		
保元三年（一一五八）	四月一日～七月二十九日		
	八月一日～九月二十九日	陽明文庫所蔵『人車記』	平安末期写、B参照
	十月一日～十二月二十九日		
仁安元年（一一六六）	九月一日～三十日		
	十月一日～三十日	宮内庁書陵部所蔵『平兵部記』	
	十一月一日～二十九日		
	十二月二日	陽明文庫所蔵『記録切』所収断簡	鎌倉写
	十二月二日	陽明文庫所蔵『日記記録之切』所収断簡	
	十二月二日～六日		
	十二月九日?・十日		
	十二月二十二日	陽明文庫所蔵『記録切』所収断簡	
	十二月二十二日		
	十二月二十二日～二十五日		
	十二月二十五日	冷泉家時雨亭文庫所蔵『記録断簡』甲	鎌倉写、『冷泉家時雨亭叢書第六十一巻　古記録集』（朝日新聞社）参照
	十二月二十七日・二十八日	冷泉家時雨亭文庫所蔵『記録断簡』丙	
	十二月二十八日	冷泉家時雨亭文庫所蔵『記録断簡』乙	
	正月一日～三十日	京都大学附属図書館所蔵平松文庫本『兵範記』	平安末期写、A参照
	二月十一日～三月一日	京都大学総合博物館所蔵平松家文書『兵範記断簡』	平安末期写、『日記が開く歴史の扉』（京都大学総合博物館、以下C）参照
	三月一日～七日	陽明文庫所蔵『人車記』	平安末期写、B参照
	三月七日	京都大学総合博物館所蔵平松家文書『兵範記断簡』	平安末期写、C参照
	三月七日～十四日		
	三月十七日・十八日		
	三月十八日・十九日	陽明文庫所蔵『人車記』	平安末期写、B参照
	三月十九日～二十九日		
	四月一日～六月二十九日		
	七月一日～九月三十日		

仁安二年（一一六七）	七月一日～四日	天理大学附属天理図書館所蔵『兵範記断簡』所収断簡	鎌倉写（本巻所収）
	七月七日～十日	三井文庫所蔵『高窠帖』所収断簡	鎌倉写
	七月九日～二十八日	毛利元昭氏旧蔵『兵範記断簡』	
	七月二十六日	『藤原定家筆　記録切』	鎌倉写、『潮音堂書蹟典籍目録』4号参照
	七月二十六日	伊達文化保存会蔵手鑑『踊龍台』所収断簡	鎌倉写
	七月二十六日・二十七日	『兵範記断簡』	鎌倉写、平成25年7月『思文閣古書資料目録』二三三号参照
	七月二十七日	天理大学附属天理図書館所蔵『兵範記断簡』所収断簡	鎌倉写（本巻所収）
	閏七月一日～十九日		
	閏七月二十五日～八月一日		
	八月一日～十日		
	八月十三日・十四日	白鶴美術館蔵『古筆手鑑』所収断簡	鎌倉写
	九月一日～三十日	宮内庁書陵部所蔵『平兵部記』	鎌倉写
	十月一日～十一月二十九日	陽明文庫所蔵『人車記』	平安末期写、B参照
	十月一日～三十日	宮内庁書陵部所蔵『平兵部記』	鎌倉写
	十月二十一日～二十三日	陽明文庫所蔵『人車記』	平安末期写、B参照
	十月二十一日	京都大学総合博物館所蔵平松家文書『兵範記断簡』	平安末期写、C参照
	十一月二十七日	小川睦之輔氏旧蔵『兵範記断簡』	鎌倉写
仁安三年（一一六八）	正月一日～三十日	京都大学附属図書館所蔵平松文庫本『兵範記』	平安末期写
	二月一日～二十九日		
	三月一日～二十九日	陽明文庫所蔵『人車記』	平安末期写、B参照
	四月一日～六月二十九日		
	七月一日～八月二十九日		
	七月一日～三十日	宮内庁書陵部所蔵『平兵部記』	鎌倉写
	八月十五日	冷泉家時雨亭文庫所蔵『兵範記』	鎌倉写、『冷泉家時雨亭叢書第六十一巻　古記録集』（朝日新聞社）参照
	八月十九日～二十二日		
	八月二十二日・二十三日	陽明文庫所蔵『猪隈殿御記之切』所収断簡	鎌倉写
	九月一日～三十日	陽明文庫所蔵『人車記』	平安末期写、B参照
	九月一日～十五日	宮内庁書陵部所蔵『平兵部記』	鎌倉写
	九月十六日～三十日		
	十月一日～二十九日	陽明文庫所蔵『人車記』	平安末期写、B参照
	十月一日～二十九日	宮内庁書陵部所蔵『平兵部記』	鎌倉写
	十一月一日～三十日	陽明文庫所蔵『人車記』	平安末期写、B参照
	十一月一日～十九日	宮内庁書陵部所蔵『平兵部記』	鎌倉写
	十一月二十日～三十日		
	十二月一日～十八日		
	十二月四日～三十日	陽明文庫所蔵『人車記』	平安末期写、B参照
	十二月二十日～三十日	宮内庁書陵部所蔵『平兵部記』	鎌倉写
嘉応元年（一一六九）	正月一日～三十日	陽明文庫所蔵『人車記』	平安末期写、B参照
	二月一日～二十九日		
	三月一日～三十日		
	四月一日～二十九日		
	五月一日～六月二十九日		
	七月三日～二十六日	京都大学総合博物館所蔵平松家文書『兵範記断簡』	平安末期写、C参照
	七月二十六日	陽明文庫所蔵『人車記』	平安末期写、B参照
	七月二十八日～八月一日		
	八月一日～三日		
	八月三日～六日	京都大学総合博物館所蔵平松家文書『兵範記断簡』	平安末期写、C参照
	八月六日～九月二十九日	京都大学附属図書館所蔵平松文庫本『兵範記』	平安末期写
	十月十五日?～三十日		
	十一月三日?～二十一日	京都大学総合博物館所蔵平松家文書『兵範記断簡』	平安末期写、C参照
	十一月十五日～二十七日	陽明文庫所蔵『人車記』	平安末期写、B参照
	十二月一日～三十日		
承安元年（一一七一）	七月三日?～二十一日	京都大学総合博物館所蔵平松家文書『兵範記断簡』	平安末期写、C参照
	十一月二十二日?～十二月二十九日	京都大学附属図書館所蔵平松文庫本『兵範記』	平安末期写

射遺事

本書は、大江匡房（一〇四一～一一一一）の編んだ儀式書『江家次第』の巻第三、正月内より射遺事の項を抜き書きしたもので、全文定家の筆跡とみてよい。中国古代からおこなわれていた年中行事の一つに弓矢の歩射技術を試みる儀式である射礼があり、日本にも早く奈良期以前に伝えられ、恒例となっていたらしい。律令法では、雑令に正月中旬におこなうべき「大射」の規定がみられ、その後、正月十七日におこなうべき行事として定着していく。この射礼で、射手に選ばれながら射終えることができなかった者がいたとき、翌日に射させることがあり、これを射遺（イノコシ）と称した。

書誌的事項

綴葉装一冊。新補の表紙は牡丹唐草模様金襴で、表紙見返しは水色地に水草貝殻模様とされている。料紙については、稀書目録に記載がないが、『定家珠芳』では楮紙とされている。法量は約一七・六cm×一五・九cm。外題・内題・奥書などはないが、本文書出部分に「射遺事正月十八日」との首題がある。全四丁からなるものの、第一丁表と第四丁の表裏に墨付はみられない。各丁に押界があり、薄くて判別し難い箇所も少なくないが、縦界は半丁を七行に区切り、横界は天三本・地一本。一行の字数は不定であるが、半丁は七行である。

箱蓋上の小貼紙に「定家卿／射遺事／冊子」との記載があり、また、墨書のある箱身貼紙がある。さらに墨書のある本書全体の包布があり、この布には印文「桜井／蔵」の方形朱印一顆がある。これは桜井慶次郎の蔵書印で、本巻所収『定家小本』の外箱底部にある貼紙にも捺されている。

『江家次第』の他の諸本と本書とを比較してみると、本文中にいずれかの誤写と考えられる箇所も若干みられるが、最大の相違点は、他の諸本に多くみられる傍書・頭書などが本書には全くみられないことであろう。情報量が少ない、といえば他の諸本よりも劣るかの如くであるが、現存する『江家次第』の多くは、実は大江匡房が編んだ当時と比較してかなりの追補がおこなわれていると考えられており、わずかに一項分だけとはいえ、匡房原撰本に近いテキストを伝えている可能性が高いという点にも本書の価値がある。

なお、他に定家が『江家次第』からの抜き書きをおこなったものとして、徳川黎明会所蔵『賭弓之式』や冷泉家時雨亭文庫所蔵『内侍所御神楽江家次第』などがしられている。

【参考文献】

大日方克己『古代国家と年中行事』（講談社、二〇〇八年）
徳川黎明会編『徳川黎明会叢書　古筆手鑑篇五　古筆聚成』（思文閣出版、一九九四年）
橋本義彦『日本古代の儀礼と典籍』（青史出版、一九九九年）
冷泉家時雨亭文庫編『冷泉家時雨亭叢書　第五十三巻　朝儀諸次第　二』（朝日新聞出版、一九九九年）

外記政

外記政とは、外記庁でおこなわれた公卿による聴政のことであり、遅くとも平安前期までには成立した。本書はその儀式次第を記したものであり、全文定家の筆跡とみられる。

書誌的事項

折本装一帖。後補の表紙は濃茶色地唐草小菱織文古代裂で、表紙見返しは雲母引褐色紙にいぶし銀にて梅花・葵葉模様を描いたものとされている。料紙については、稀書目録に記載はないが、『定家珠芳』では鳥の子紙とされている。法量は約一五・八㎝×一五・八㎝。外題・内題・奥書などはないものの、本文書出部分に「外記政」との首題がある。全二十七折であるが、第二十七折に墨付はない。全体にわたって横界があり、天三本・地一本。半折八行前後。校合注記や追記などはないものの、一箇所、頭書がみえる。また、朱筆による合点や圏点が散見する。

本書は三重の箱に収められており、外箱の蓋上に「外記録定家筆」、箱身貼紙に「定家筆外記録」との記載がある。中箱蓋上のほぼ中央に「外記政　定家卿筆」と墨書された貼紙があり、その上部右横に「ナ六拾七」と朱書された小貼紙がある。その右には「外記録定家筆」との墨書がみえ、さらにその右に「公事」と墨書された貼紙がある。また、箱蓋裏の右上に「外記録定家筆紙数／弐拾折」と記された貼紙がある。内箱の底部には、「外記政」と記された貼紙がある。また、本書本体の包布には、「外記政／定家」との記載がある。なお、本書に付属するものとして、極札一枚とその包紙（参考図版六五頁参照）、それに、近代になってからのものと思われるが、罫紙二枚にわたり外記政および本書について記した解説文と、これを収める封筒がある。極札の包紙には「記録折本外記政定家卿　極札」との墨書があり、極札の表には「京極黄門定家卿発端外記政　記録一冊（印）」（印は印文「琴／山」の方形黒印一顆）、裏には「当日於里亭折本一冊己未二（印）」（印は印文「栄」の楕円形黒印一顆）とある。なお、裏面の右中央やや上に、印文不明の方形朱印一顆が割印のように捺されている。

本書は、上卿の視点からみた次第を記したものとみられ、また、本文中や末尾、あるいは頭書の形にて多くの勘物が記されており、「西宮」（『西宮記』）・「北山」（『北山抄』）・「小右記」・「宇治左府御説」・「公任卿説」・「御記」・「小一条説」・「承安二年正月政或記」などが引勘されている。したがって、本書は、定家が外記政の上卿を勤める場合に備えて作成していた、研究用とでもいうべき次第書であろう。

なお、東山御文庫本『外記政』（勅封番号四五―九、全一軸）は端裏に後西天皇（一六三八～一六八五）宸筆で「外記政」と外題が記されている次第書で、冒頭部に親本の界線の様相を示そうとした記載があり、本文は定家のものを模した筆跡である。恐らくは定家書写本を直接の親本とするものであろう。しかるに、首題に「外記政少納言次第」とある如く、少納言からの視点に焦点をあてた次第となっており、本書と記載内容が異なることも首肯されよう。このように定家は、立場の変化などに合わせ、同じ儀式の次第でも何度も作成することがあったことがわかる。

【参考文献】

曽我良成『王朝国家政務の研究』（吉川弘文館、二〇一二年）

釈奠次第

本書は、定家が自ら釈奠の次第書を作成、書写したものと推定される。釈奠とは、主に儒家の間でおこなわれた、先聖・先師をまつる儀式である。先聖とはその教科の体系を樹立した偉大な先哲、先師とはその道の発展に功績の大きい過去の優れた教師達のことをいう。中国の古代国家が儒教思想を支配理念の基礎に据えるにいたり、これが国家的な儀式となっていき、中国から律令法などを継受した日本でもおこなわれるようになった。学令には「凡大学・国学、毎年春秋二仲之月上丁、釈奠於先聖・孔宣父、其饌酒・明衣所須並用官物」とあり、毎年二月と八月の最初の丁の日におこなうべきことなどが規定されている。遣唐使として中国に派遣され、帰国した後の吉備真備（六九五～七七五）が、釈奠の儀式整備に努めたのはよくしられたことであろう。

橋本義則『平安宮成立史の研究』（塙書房、一九九五年）

書誌的事項

粘葉装一帖。表紙は柳・小鳥刺繡薄茶文綸子で、表紙見返しは金銀切箔・砂子散とされている。料紙は、稀書目録では「斐紙等」とされているが、『定家珠芳』では、初十丁が斐紙、残りの十八丁は楮斐紙混漉紙とされている。法量は約一六・〇cm×一五・〇cm。外題・内題・奥書などはないものの、本文書出部分に後述のような首題がある。全二十八丁であるが、第十一丁表以前には、第一丁裏・第二丁表に「寮庁」、第三丁裏・第四丁表に「都堂」、第五丁裏・第六丁表に「百度座」、第七丁裏・第八丁表に「宴座」、第九丁裏・第十丁表に「穏座」、と五つの図がある他に墨付はない。第十一丁裏からが本文で、これ以降には押界がある。横界は天三本・地一本で、縦界は半丁を八行に区切る。第二十八丁に墨付はなく、あるいは旧裏表紙であろうか。本文中にしばしば朱による圏点がみられるが、これは上卿以下の移動を記した箇所、すなわち儀場が変わる場面の冒頭に付されたもののようである。

本書は二重の箱に収められており、外箱の蓋上の右側には「定家卿筆釈奠次第」とある。蓋上の左下には上下二段にわたり三枚の小貼紙がみえ、上段の一枚には「（朱書）第壱号」／釈奠次第／定家卿」、下段左の一枚には「甲第百五拾四号乙」と記載されている。下段右の一枚には印文「観瀾閣蔵／品印」の方形朱印一顆が捺されているが、「観瀾閣」とは仙台藩伊達家の堂号であり、これは伊達家の蔵書印であろう。内箱には墨書のある包布がある。内箱の蓋上には「釈奠次第」とあり、本書自体にも墨書のある包布がある。その他、本書に付属するものとして、内箱内に「中村久越ヵ」と墨書された包紙をもつ添紙があり、「釈奠之次第」との記載がある。これは、あるいは一時期題簽として用いられていたものであろうか。包紙にみえる「中村久越」とは、松花堂昭乗（一五八二or一五八四～一六三九）の高弟としてしられる中村久越（一五九〇～一六七七）のことであろう。なお、『定家珠芳』によれば、本書は福井菊三郎の旧蔵であるといい、恐らくは早く冷泉家より流出し、仙台藩伊達家→福井菊三郎→呉文炳→天理大学附属天理図書館（「→」は必ずしも直接の移動を意味しない）と伝来してきたものであろう。また、大正五年（一九一六）五月十六日に東京美術倶楽部でおこなわれた仙台伊達家御蔵品入札の際の目録に、「九二　定家釈奠之次第箱梨子地日野弘資字形」として掲載されているのは、本書そのものと思われる。

ところで、冷泉家時雨亭文庫所蔵の『釈奠』は、本書と密接な関係をもつと思われる史料で、本文は他筆であるが、定家による追記をもつ次第書である（以下、冷泉本と称する。なお、冷泉本には本書のような図はないが、同じく冷泉家時雨亭文庫所蔵の『朝儀図』と題されたものがこれに相当する）。この両者を比較した所功氏は、「冷泉家本『釈奠』の原文は、太政官の正庁を廟堂に充てた治承元年（一一七七）から元暦元年（一一八四）までに行われていた旧例を記したもの」で、定家による追記は「太政官の朝所を廟堂に充てるようになった文治元年（一一八五）以降の新例」であり、「その加注を大部分とり入れて次第文を整えたものが」本書に他ならないとする。冷泉本をさらに整備したのが本書である、とする点はおおむね妥当な見解といえよう。ちなみに、釈奠は、平安中期には晴儀はおこなわず雨儀でおこなわれるようになっていき、また、治承元年四月の大火で大学寮が焼失し、以後再建されなかったこともあり、同年秋以降、太政官庁でおこなわれるようになった。こうした変遷は、本書の首題に「釈奠近例用雨儀　官庁儀」とあるのにも反映されている。

ただ、所氏が、冷泉本をたんに「平安末期の旧例を記す」もので、「定家以前の古写本に定家自身が加注したものだから、百冊近い『朝儀諸次第』の中でも特に古い」とする点には従い難い。同氏が「冷泉家本『釈奠』の原文」とする「原文」という語に曖昧さが含まれる点にも問題があるが、冷泉本には「六位外記・史今度預座、例也」という本注があり、これは本書にも継承されている。つまり、冷泉本も本書も、「今度」と表現し得るような特定の釈奠儀に際して作成されたと推定される。ある釈奠儀を前にした定家が、まず旧例をもとにしつつ近例にそって改めた次第を雇筆をもって書写させたのが冷泉本で、これに追記を施すなどしながら研究を深め、その成果を反映させて作成したのが本書である、とみるべきではないだろうか。

このように考えて大過なければ、冷泉本や本書の作成年次についても再考の余地があろう。これまでも指摘されているように、冷泉本や本書に引用された勘物の下限は建保四年（一二一六）であり、これが冷泉本や本書成立の上限となる。しかるに、その成立の下限については、管見の限り、元仁元年（一二二四）三月・嘉禄元年（一二二五）三月・同二年十二月に「孔子霊像」などの盗難があったにもかかわらず、冷泉本も本書もこの像やその盗難について触れるところがないことから、「その成立はそれ以前と考えてよいと思われる」とする所氏の見解があるのみである。この見解の前提には、定家が建保三年八月十日に廟拝初参を果たしており、その後間もない頃に冷泉本に書き入れをおこなったのであろう、という同氏の推測がある。しかし、廟拝初参が、釈奠儀の次第に関する研究をはじめる契機となり得るのか、疑問に思われる。また、「孔子霊像」に関しては、冷泉本にも本書にも何の記載もないのであるから、本来これに触れるべくして触れていないのならば、逆にこれが盗難にあって以降の成立とも考え得るのであり、もともと記載する必要がなかったのであれば、何の手がかりにもならないことは明らかであろう。この問題を考えるに当たってまず留意すべきは、冷泉本も本書も上卿の立場からみた次第となっているとみられることであろう。ここで定家の経歴に目を転ずると、貞永元年（一二三二）正月三十日に権中納言に任じられ、同年十二月八日にこれを辞している。そしてこの間、藤原経光（一二一三〜一二七四）の日記『民経記』の貞永元年二月六日条に「今日釈奠也、蔵人佐範頼奉行、後聞、上卿京極中納言定家卿、新藤中納言家光卿・平宰相経高卿・右中弁時兼朝臣・菅少納言長成等参行云々」とあるように、同日の釈奠において定家が上卿を勤めている。恐らくこれが、定家が釈奠の上卿を勤める最初にして唯一の機会であったであろう。五味文彦氏が、定家が権中納言に任じられた翌日に直ぐ拝賀と着陣をおこなったのは、目前に迫った釈奠の上卿を勤めるためであった、と推定しているのも参考にすれば、権中納言に任じられて直ぐ、あるいは確実に権中納言に任じられそうであるのがわかった時点で、上卿を勤めるべく急いで釈奠に関する研究を深めていった際に作成されたのが冷泉本や本書だったのではないだろうか。勿論、そのように断定するには論拠が不足しているのは承知しているが、一案として提示しておきたい。

【参考文献】

彌永貞三「古代の釈奠について」（同『日本古代の政治と史料』（高科書店、一九八八年）所収。初出は一九七二年）

五味文彦「中納言定家と上卿故実」（同『明月記の史料学』（青史出版、二〇〇〇年）所収。初出は一九九八年）

所功「冷泉家本『朝儀諸次第』と『釈奠次第』」（同『宮廷儀式書成立史の再検討』（国書刊行会、二〇〇一年）所収。初出は一九九七年・二〇〇〇年）

冷泉家時雨亭文庫編『冷泉家時雨亭叢書　第五十二巻　朝儀諸次第　一』（朝日新聞出版、一九九七年）

冷泉家時雨亭文庫編『冷泉家時雨亭叢書　第五十五巻　朝儀諸次第　四』（朝日新聞出版、二〇〇四年）

御産七夜次第

七夜とは、産養・養産（ともにウブヤシナイ）などと呼ばれる生誕祝の一つである。いま、皇子女誕生時の産養に限定すれば、平安前期までは式日や主催者に明確な傾向を見出すことができないが、平安中期以降、誕生当日を初夜として、三夜・五夜・七夜・九夜の四度おこなわれるようになり、また主催者も、三夜は生母、五夜は祖父たる上皇あるいは外祖父などの近親者、七夜は父たる天皇あるいは上皇、九夜は然るべき貴人、と一定の傾向を見出せるようになっていく。このうち七夜は、父たる天皇あるいは上皇によって催されることから、最も盛大におこなわれた。

本書も、御膳具等を持参するのが勅使となっていることなどから、天皇の皇子女が誕生した際の七夜の儀式次第を記したものと考えられ、追記なども含め、全文が定家の筆跡とみられる。

書誌的事項

巻子本一軸。新補の表紙は濃緑色地鳳凰花木織文で、表紙見返しは褐色紙に草木霞金銀泥画とされる。料紙については、稀書目録に記載はないが、『定家珠芳』では楮紙とされている。表紙の貼紙に「御産」という外題があり、これは定家筆とみてよいようである。あるいは旧外題を切り取り、再活用したものであろうか。また、本文書出部分に「七夜次第」との首題がある。奥書などはない。軸付紙の奥下に印文「月明荘」の方形朱印一顆があるが、これは反町茂雄の経営した古書店弘文荘の蔵書印である。表紙・軸付紙を除き全十四紙で、その法量は、第一紙は約一六・二cm×一・〇cm、第二紙は約一六・二cm×三一・三cm、第三紙は約一六・二cm×三一・四cmで、第四紙以降は、紙高は約一六・二cm〜一六・四cm、紙幅は約一五・四cm〜一五・九cmとほぼ同程度となる。また、第二紙・第三紙には、中央付近に折目が確認できる。したがって、本書は本来一六・三cm×一五・七cm程度の折本であったのを巻子に改装したものとみられ、現状の第四紙以降は、折目部分が破損してほぼ半分の紙幅となったものと推定される。もとの折目を中心として左右対称となるような位置に朱や墨が映り込んでいる箇所が散見するのも、その傍証となろう。

なお、軸付紙の奥裏に「墨付十五紙」とあるが、これは界線を除いて墨付のない第一紙を数えず、第二紙と第三紙とを二紙ずつに数えてしまったために「十五紙」となっているものと推測される。本紙全体に横界があり、天界三本・地界一本。判別し難い箇所もあるが、やや濃い墨を用いての追筆が多くみられ、朱筆による追記も一箇所みえる。この追記も含め、全体が定家の筆になるものとみてよいであろう。

本書は二重の箱に収められているが、外箱の蓋上に「御産記定家卿筆　一巻」との記載がある。また、外箱箱身の貼紙に「巻（朱書）「ラ十」／百十番／御産記定家」、これと反対面の箱身の貼紙に「古名人部（印）／第二十六号／御平産記／藤原定家卿筆」（初行の印は印文「貴」の円形朱印一顆）とある。内箱には墨書のある包布がある。この記載の右にある貼紙には、朱書で「ラ拾」と記されている。そこに「御平産記」との墨書がある。内箱の蓋上上部には貼紙が剝がれた痕があり、蓋上下部の貼紙には「□□□〔定〕家卿筆□〔蹟カ〕」とある。なお、内箱の蓋裏には極札二枚が横に並べて貼り付けられており、右側の一枚に「御産記定家卿筆（印）」（印は印文「仙／室」の方形黒印一顆）、左側の一枚に「這一巻定家卿（印）」（印は印文「琴／山」の方形黒印一顆）とある（参考図版一一一頁参照）。

さらに、本書本体にも、内箱の包布と同じ墨書をもつ包布があり、その布には「七夜次第」と記された貼紙がある。この他、本書に付属するものとして、包紙をもつ極札一枚（参考図版一一一頁参照）、「七夜次第紙墨経師吟味之書付四通」と墨書された包紙をもつ六月六日付の大経師四人の書付四通、「御産記附録文書／三点」と記された封筒一通、「巻物百十番御産記付属書一通」と記された包紙のある書付一通などがある。極札の包紙には、「定家卿御産七夜記極札」との墨書があり、また、包んだ状態での左下には「了祐」との墨書が、下部の裏に折り返した部分には「軸」との朱書がある。極札の表には「京極黄門定家卿御産七夜記半切一巻（印）」（印は印文「琴／山」の方形黒印一顆）」、裏には「端御装束奥殿上人半切記録一巻庚申正（印）」（印は印文「栄」の楕円形黒印一顆）とある。なお、裏面の右下には、印文不明の方形朱印一顆が割印のように捺されている。最後に述べた書付一通は、「外記補任を以御考可被遊物」と記された貼紙を端裏にもち、年次は未詳であるが九月十三日付で小瀬順理・室順祥の二名が作成したものである。その内容は、「五夜次第」と「七夜次第」の成立年月や、「清原枝賢」と「阿部有仲」の位階などについて考証した報告となっている。ただし、「七夜次第」、すなわち本書に関しては、「右相考候得共、拠無之候故、年月難計奉存候」とあるにとどまる。『松雲公採集遺編類纂』書籍部七所収の『書籍鑑定方等書札写』をみると、「小瀬又四郎」と「室新助」（「新助」は「新介」とも）の両名が、連名、あるいは単独で頻出する。彼等は「小瀬順理」・「室順祥」と同一人物とみられるが、書籍の鑑定に当たるだけではなく、木下順庵（一六二一～一六九九）など藩外の学者からの書札の宛所ともなっているから、加賀藩の書籍鑑定方に属していたとみられる。とすれば、この書付の存在より、本書は江戸前期には前田家の所蔵となっていたと推測されよう。これを補強する論拠として、尊経閣文庫編『尊経閣文庫国書分類目録』（一九三九年）に「御平産記　写（藤原定家筆）」として掲載されているのが、書名が前述した本書内箱の貼紙の記載とよく対応することなどから、実は本書そのものに当たるらしいことを挙げておこう。つまり、一九三九年の段階では、本書はまだ前田家の所蔵であったとみられる。

前述の如く、本書は天皇の皇子女が誕生した際の七夜の次第であるが、小瀬順理・室順祥の書付では、「年月難計」つまり年月未詳とする。しかし、年次を比定する手がかりがないわけではない。まず、本書に「今度徹女院御使座後有之」という本注があることから、七夜の次第一般についてではなく、「今度」と表現されるような特定の七夜儀について記したものであることがわかる。

次に、誕生した皇子女の生母は、「本宮」とあることや、御膳具等の目録が「啓」されていること、「亮」・「大夫」・「権大夫」・「権亮」・「属」・「大進」等、職クラスの官司に属する官人が「宮司」であったとみられることなどにより、皇后あるいは中宮の身位にあったことがわかる。さらに、本書にみられる追記に注目すると、その多くは、次第本文では官職名・地位名称などで示されていた箇所に具体的な個人名を注記したものや、本文と実際の七夜儀との相違を注記したとみられるものである。その中で最も注目されるのは、本文に「蔵人頭」とあるの対し「公雅朝臣」と注記したものであろう。定家が没する以前に蔵人頭に補された「公雅朝臣」といえば、建保六年（一二一八）正月十三日に蔵人頭に補され、翌年正月には従三位に叙されたためにこの職を離れた藤原公雅以外に存在しない（以下、官人の経歴については、特に注記しない限り、『公卿補任』と『職事補任』とによる）。以上により本書は、ひとまず、順徳天皇（一一九七～一二四二）を父、中宮藤原立子（一一九二～一二四八）を母として、建保六年十月十日に誕生した皇子（仲恭天皇。一二一八～一二三四）の七夜儀の次第と推定される。

ところが、勅使となる「五位蔵人」に追記された「成長」が、建保二年十二月二十九日に五位蔵人となった藤原成長であるとすると、この成長は同五年正月二十八日に蔵人を止められている。その後、同七年正月二十三日に還補されているが、承久二年（一二二〇）正月二十二日に左少弁に任じられるに際し、蔵人の職を去っている。つまり、本書の記載内容と成長の経歴とが矛盾しているのであり、これを如何に理解すべきであろうか。

ここで是非とも参照すべきは、陽明文庫に蔵されている『御産次第』一帖であろう。この次第は、現在は九夜のみであるが、寛永十八年（一六四一）正月十日付で近衛信尋（一五九九～一六四九）が付した包紙によれば、この段階では五夜の次第と九夜の次第とが存在したらしい。外題を除き全文一筆で、しかも定家の筆跡である可能性が高い。法量は約一六・六cm×一六・六cmと本書にかなり近く、天三本・地一本の横界を有すること、誕生したのが天皇の皇子女であるのか否かは不明であるが、生母の身位が三后か中宮であったとみられることも本書と共通する。だが、折本や巻子ではなく粘葉装であり、また、追記などはみられない代わりに、本文中しばしば具体的な人名を記すことが、本書との大きな相違点といえよう。その人名の中から本書と共通するものを抜き出すと、「亮知家朝臣」・「讃岐守資隆」・「三条中納言実宣卿」・「姉小路中納言公宣卿」・「蔵人木工頭成長」・「大進長資」の如くであり、ここに蔵人として成長の名を見出すことができるのである。しかるに、成長が蔵人であった期間内には、三后・中宮の御産は確認できない。とすれば、この『御産次第』も建保六年十月のものであり、定家はその頃も成長は蔵人であると誤認していたか、あるいは翌年正月には還補することがすでにわかっていたため、いわばフライングしてこのように記載してしまった、といった可能性を考えるのが妥当ではないかと思われる。

ところで、やはり陽明文庫所蔵の『建保六年十月中宮御産三夜次第』一巻は、全文が定家の筆跡とみられるものであり、冒頭に「建保六年十月十二日（十日戊申寅時降誕）」とあることから、まず間違いなく建保六年十月のものである。全二紙からなる巻子本だが、二紙ともに中央付近に折目があり、本来は法量が一五・四cm×二七・九cm前後の折本であったのを改装したとみられる。界線はない。本文よりもやや濃い墨を用いての追筆が多くみられることは本書と同様であるが、朱筆による追記や合点、特に後者が本書よりもかなり多くみられる。ちなみに、本書と共通する個人名としては、四位として「長俊、、（朝臣）」、殿上四位として「範基」・「時賢」、大進として「以経」、蔵人として「以良」、権大進として「知親」、讃岐守として「資隆」、大進として「長賢」の名が見出せる。この次第も含めると、定家は仲恭天皇誕生時の産養について、三夜・七夜・九夜の次第書を作成、あるいは転写していたことになる。これは、九条家に仕えた定家にとって、道家（一一九三〜一二五二）の姉に当たる中宮立子の皇子出産が如何に大きな意味をもったのかを物語るものであろう。このとき五夜の次第は書写しなかったのか、もし書写していたとすればそれは現存するのか、といった疑問も残るが、小瀬順理・室順祥の書付にみえる「五夜次第」は、この書付の考証結果を信じる限り、年次を異にするものと考えざるを得ない。そして、残る手がかりが陽明文庫所蔵『御産次第』一帖の包紙に「五夜」の次第の存在が示されていることのみとなれば、残念ながらこれ以上の追究は困難というしかあるまい。

【参考文献】
新井重行「皇子女の産養について―摂関・院政期における変化を中心に―」（『書陵部紀要』六三、二〇一二年）
石田実洋「藤原定家の次第書書写」（『明月記研究』六、二〇〇一年）
宮内庁書陵部編『皇室制度史料　儀制　誕生　四』（宮内庁、二〇一一年）

定家小本

本書は、前半の「和歌の部」と呼ばれている部分と、後半の「雑記の部」と称されている部分とが合綴されたものであるが、この呼称は後述する箱書などによったもので、本来の名称は不明である。そもそも本書が全体として独自の書名が与えられていたのかも明らかではなく、現在の「定家小本」という書名は、同じく箱書などによっている。

書誌的事項

綴葉装一冊。新補の表紙は黄土色地雲・鳳凰緞子、表紙見返しは金銀切箔にて横雲をかたどったものとされ、料紙は楮紙・斐楮混紙の厚様・薄様を交えたものとされている。法量は約一〇・五cm×一六・三cm。外題・内題・奥書などはない。全二十六丁で、第一丁表に墨付はなく、第一丁裏には、ノドの部分を上としての墨付がある。この墨付については後述するが、第一丁は旧表紙であろう。第二丁表〜第二十丁表が「和歌の部」であるが、第三丁表に墨付はない。なお、第十六丁〜第十九丁は、上部全体に欠損がある。第二十丁裏に墨付はなく、第二十一丁表〜第二十六丁表が「雑記の部」に当たる。第二十四丁表・第二十六丁裏に墨付はない。第二十六丁は旧裏表紙であろう。現裏表紙見返しの右下に印文「月明荘」の方形朱印一顆があり、これは古書店弘文荘の蔵書印である。

本書は三重の箱に収められており、外箱蓋上には「定家小本／和歌及雑記」とあり、また、蓋裏に印文「侯爵前田家印」の方形朱印一顆が捺された貼紙がある。外箱箱身の一面には、「古人名部（印）／第三十一号／和歌及雑記／定家等」（初行の印は印文「貴」の円形朱印一顆）とある貼紙と、「冊物／八十六番／定家小本」とある貼紙とがあり、その側面にも墨書のある貼紙がある。また外箱の底面には、印文「桜井／蔵」の方形朱印一顆が捺された貼紙ある。『射遺事』のところで述べた如く、これは桜井慶次郎の蔵書印である。中箱蓋上の右上には「定家小本」という墨書があり、右下には「□（廿カ）四番／（朱書）「廿四番」」とある貼紙が、左上には「名物帳之内　定家卿筆小本一巻」と墨書された貼紙がある。蓋裏の中央右に「定家小本／紙数弐拾六枚」と墨書された貼紙が、中央左に「（朱書）「小本定

家筆　　一冊」／由来不知」とある貼紙がある。蓋裏左上には貼紙が剝がれた痕跡があるが、ここに、「奥口ニ御座候ハ定家卿ニ御座候ほそく哥書申候ハ定家卿トハ不奉存候是ハ／後京極殿ノ筆かと奉存候書体ハ古今後撰ノ哥も御座候何も／合点不仕候　　山本源右衛門」と墨書された、現在添紙となっている紙片が貼られていたとみられる。ここにみえる山本源右衛門とは、前田綱紀（一六四三～一七二四）にも仕えた加賀藩士である。内箱には墨書のある包布があり、その内箱は加賀蒔絵で、清水九兵衛作の秋七草蒔絵小箱。本書には、この内箱が昭和三十六年（一九六一）に開催された石川県美術館の加賀蒔絵展に出陳された際の関係書類も付属している。当時の所蔵者は桜井慶次郎。また、本書本体にも包布がある。『定家珠芳』や待井新一氏の翻刻に付された解題なども参照しつつ整理すると、本書は江戸前期には前田家の所蔵となり、大正十四年（一九二五）以降、益田孝→桜井慶次郎→呉文炳→弘文荘→天理大学附属天理図書館（「→」は必ずしも直接の移動を意味しない）と伝来してきたらしい。

さて、まず第一丁裏の墨付について述べておこう。これは全て定家の筆跡で、「大納言殿／秋の夜のをくらの山のしくるゝハ／しかのたちとやもミち／しぬらん／嘉応元年七月廿四日／戊寅天晴／賀茂斎内[廿一]親王式子依御悩／退出」とある。恐らくは、『源氏物語』に対する『奥入』や、いわゆる御物本『更級日記』（宮内庁三の丸尚蔵館所蔵）の奥に定家が付したような、和歌・物語などに対する勘物の一部が反古とされたものであろう。そのように考えて大過なければ、本書後半の「雑記の部」との関係が気になるところであるが、本来の書写の向きを考えれば、本書とは紙高がかなり異なることになり、直接の関係は考え難い。また、かつてこの記載から定家と式子内親王との関係が取り沙汰されたこともあったが、上述のような性格を勘案すると、これもまず考え難い。なお、「廿一」という傍書は、当初「卅一」と判読され、式子内親王の賀茂の斎院としての代数を注記したものとみなされてきたが、現在京都大学総合博物館所蔵となっている『兵範記』断簡の整理が進み、同記の嘉応元年（一一六九）七月二十四日条裏書の記載から長く不明とされてきた同内親王の年齢が明らかとなった結果、現在では、「廿一」と判読し、式子内親王の年齢注記とみる説が有力となっている。

次に、本書前半の「和歌の部」であるが、基本的には他筆ながら、第二丁裏の記載と、全体にみえる集付・部立付や校合注記、それに朱墨両様による合点などは定家の筆とされている。第二丁裏の記載は、第三丁表に墨付がないことから、当初、この見開きをとばして書写してしまっていたが、その後、定家が追記をおこなうに際し、このスペースを利用したのではないか、という見解もある。しかし、冒頭の一部のみを定家が写し、残りを雇筆をもって書写させた、という写本は決して少なくないので、慎重に判断する必要があろう。内容は、計百五十七首の和歌よりなるが、『古今和歌六帖』から引用したと考えられるものが圧倒的に多く、他に『源氏釈』・『奥入』からの引用と思われるものなどを含み、これらを歌枕などの歌語に留意しつつ配列したものか、とされている。また、「入」字のようにもみえるものなどを含む定家の追記から、何等かの歌集を編むに際しての編纂資料として用いられたことが想定され、「和歌の部」所収歌との対応関係から、その歌集とは『新勅撰和歌集』であろうと推定されている。ただ、そうであるとした場合も、「和歌の部」の定家の追記と『新勅撰和歌集』入集歌との間に厳密な対応関係が見出せるわけではないから、編纂終盤のものではなく、それ以前に用いられたのであろう。『新勅撰和歌集』は、貞永元年（一二三二）六月に後堀河天皇（一二一二～一二三四）の命を受けた定家によって編纂が進められ、途中、後堀河上皇が崩御してしまうものの、四条天皇（一二三一～一二四二）の治世の嘉禎元年（一二三五）三月にいたり完成、奏上される。とすれば、「和歌の部」が書写、利用されたのは、貞永元年六月から嘉禎元年三月までの期間中の早い時期であった可能性が考えられよう。

最後に、本書後半の「雑記の部」であるが、この部分は全文定家の筆とみられる。内容は、『源氏物語』等に関する考勘をおこなったもので、先行する注釈書である藤原伊行の『源氏釈』を批判的に引用した部分や、『古今和歌六帖』から歌題を抜き書きした部分なども含む。定家の編んだ『源氏物語』の注釈書である『奥入』との関係が注目され、天福元年（一二三三）頃の成立と考えられている『奥入』よりも先行すると推定されている。

以上より、「和歌の部」も「雑書の部」も、定家の晩年に近い時期のものとみられ、完成された作品ではなく、その作成過程をうかがうことのできる史料である点が、本書最大の特徴といえるであろう。

【参考文献】
上横手雅敬「「人車記」解説」（財団法人陽明文庫編『陽明叢書　記録文書篇　第五輯　人車記四』〈思文閣出版、一九八七年〉所収）
同「兵範記と平信範」（京都大学総合博物館編『日記が開く歴史の扉―平安貴族から幕末奇兵隊まで―京都大学総合博物館図録』〈思文閣出版、二〇〇三年〉所収）
兼築信行「式子内親王の生年と『定家小本』」（『和歌文学研究彙報』三、一九九四年）
待井新一「源氏物語『奥入』成立考―「定家小本」との関連について―」（『国語と国文学』三七―一二、一九六〇年）
同「『定家小本』私考（上）」（『国語と国文学』三七―一二、一九六〇年）
同「『定家小本』私考（下）」（『国語と国文学』三八―一、一九六一年）
同「藤原定家自筆「定家小本」〈翻刻〉」（紫式部学会編『源氏物語とその影響―古代文学論叢第六輯―』〈武蔵野書院、一九七八年〉所収）
村上さやか「『定家小本』和歌の部をめぐって―『古今六帖』と『新勅撰集』、『奥入』との接点」（『国語と国文学』七一―六、一九九四年）
同「続・『定家小本』和歌の部をめぐって―『古今六帖』本文研究の視点から」（『甲南国文』四二、一九九五年）

古今名所

本書は、『古今和歌集』より歌枕となる名所百六箇所を列挙したものであり、全文が定家の筆跡とみられる。

書誌的事項

綴葉装一冊。新補の表紙は緑地金襴で、表紙見返しは金銀切箔揉砂子散、料紙は鳥の子紙とされている。法量は約一六・六cm×一五・七cm。全十丁からなるが、第一丁・第二丁および第七丁～第十丁には墨付はない。ただし、第一丁表左上には「定ー卿筆（家）（付外題）」と記された貼紙がある。なお、第八丁裏左上に、方形の貼紙を剝がした痕跡がある。外題はないが、本文第一丁表（以下、墨付のある丁のみを数えた丁数で表示する）の左上に「古今名所」と内題があり、第一丁裏の本文書出部にやはり「古今名所」と首題がある。第三丁表は九行であるが、他は半丁八行。首題を除き上下二段に名所を書き連ね、所々細字注・細字双行注があり、また、一箇所に傍書、二箇所に行間補書がみえる。それらや内題も含め、全文定家の筆跡とみてよいであろう。

本書は二重の箱に収められており、外箱の蓋上ほぼ中央には「定家卿御筆 古今名所　壱冊／但内箱桑木地金粉文字」とある。蓋上の左上の貼紙に「「卌一」（朱書）定家卿御筆 古今名所」、左下の貼紙に「「45」（朱書）古今名所」との記載がみえ、箱身にも墨書のある貼紙がある。内箱には墨書のある包布があり、内箱の蓋上には「古今名所定家卿筆」とある。また、本書本体の包布に「定家卿筆 古今名所壱冊也」と記されている。

本書は定家自身が編んだものとみられ、末尾の第四丁裏は四行分の記載で終わっており、さらに遊紙が続くのであるから、これで一応、完結した一書であると考えてよいであろう。列挙された名所の配列に法則性は見出されておらず、また、藤原範兼（一一〇七〜一一六五）編『五代集歌枕』が本書の直接の参考資料になったとする見解もあるが、これを積極的に主張するには論拠が不足しているように思われる。したがって、本書はどのような意図をもって編まれたのか、といった点は、現時点では未詳とせざるを得ない。なお、第四丁五行目上段に「しもとゆふかし」とあるのは、『古今和歌集』に「しもとゆふかつらきやまにふるゆきのまなくときなくおもほゆるかな」とある和歌の、「しもとゆふかつら」を歌枕と誤認したものであろうことが指摘されている。

石清水八幡宮権別当田中宗清願文案

本書は、貞応二年（一二二三）十月付にて、石清水八幡宮権別当田中宗清（一一九〇〜一二三七）が神前に所願成就を祈請した文書で、ほとんどが定家の筆跡であるが、一部宗清による追記があるという。

書誌的事項

巻子本一巻。新補の表紙は薄茶色地龍雲文古代裂、表紙見返しは銀切箔散で、料紙は斐楮混紙とされている。外題はない。本文は全二十四紙で、その奥に近衛信尹（一五六五〜一六一四）による「慶長十五仲冬日」付の識語が記された一紙と軸付紙がある。法量は、第一紙は約二八・五cm×五〇・八cm、第二紙は約二八・七cm×二九・八cm、第三紙は約二八・七cm×六・六cm、第四紙は約二八・五cm×一九・〇cm、第五紙は約二八・六cm×六・〇cm、第六紙は約二八・六cm×二・一cm、第七紙は約二八・六cm×五三・二cm、第八紙は約二八・七cm×二三・二cm、第九紙は約二八・八cm×二四・四cm、第十紙は約二八・八cm×四三・八cm、第十一紙は約二八・六cm×二〇・〇cm、第十二紙は約二八・七cm×一四・六cm、第十三紙は約二八・七cm×三・八cm、第十四紙は約二八・六cm×二・〇cm、第十五紙は約二八・四cm×五三・三cm、第十六紙は約二八・四cm×五二・三cm、第十七紙は約二八・八cm×五・六cm、第十八紙は約二八・七cm×四〇・五cm、第十九紙は約二八・五cm×二〇・四cm、第二十紙は約二八・六cm×六・三cm、第二十一紙は約二八・五cm×五二・九cm、第二十二紙は約二八・五cm×一六・八cm、第二十三紙は約二八・六cm×三・八cm、第二十四紙は約二八・七cm×七・一cmで、紙高はほぼ同程度であるが、紙幅は紙毎に大きく異なっている。このうち、第三紙と第十三紙とを除いて界線があり、横界は天地各一本。縦界は界幅約二・五㎝。また、第一紙の中央辺りに折目がみえる。なお、第三紙の下部には川辺の風景を画いたような絵があり、あるいは葦手絵かと思われる。第十三紙の下部にも、ごく一部であるが、それらしきものが確認できる（参考図版二〇六頁参照）。第四紙端上の紙背に「二」、第十三紙の端上部に「三」との墨書があり、これは、第三紙・第十三紙を貼り継ぐに当り、本紙を切断したり、剥がしたりした際に付されたものと思われる。第二十紙端の、第十九紙との糊代となっている部分に墨付があり、本書がいくつかの草案を切り継いで作成されたものであることを示すものと考えられる。第二十四紙端上の墨付も同様であろう。なお、第二紙・第三紙の継目裏、第七紙・第八紙の継目裏、第十紙端の一行目と二行目との紙背、第十三紙・第十四紙の継目裏、第十五紙・第十六紙の継目裏、第十七紙・第十八紙の継目裏、第二十一紙・第二十二紙の継目裏に、印文不明の円形黒印が各一顆みえる。また、第二十四紙と信尹の識語がある一紙との継目裏には、花押の如き墨付がある。

本書は二重の箱に収められており、外箱には、蓋上の左上と箱身に墨書のある貼紙がある。内箱の蓋上には「藤原定家卿御筆」とあり、また、本書本体には墨書のある包布がある。なお、本書に付属するものとして、一面に「定家卿／八幡願文」と墨書され、その反対の面に「書巻／百三拾九」と朱書された付札などがある。本書は、一九一五年に刊行された東京帝国大学編『大日本古文書　家わけ第四　石清水文書之六（菊大路家文書及拾遺）』に「益田孝氏所蔵」文書として収められ、また『定家珠芳』にも釈文が収められており、近衛家→益田孝→呉文炳→天理大学附属天理図書館（「→」は必ずしも直接の移動を意味しない）と伝来したらしい。

この宗清願文案には、その前提として建保五年（一二一七）正月二十七日付の漢文体の願文案が存し、大江周房の筆にかかるものであるという（東京帝国大学編『大日本古文書　家わけ第四　石清水文書之二（田中家文書）』〈一九一〇年〉所収六七七号「権別当宗清願文案」）。その漢文体の願文案については西田長氏の、漢文体の願文案と本書との関係については高橋正彦氏の解説があるので詳述しないが、本書が漢文体の願文案より二条減じて十三条であること、順序がかなり入れ替わっていること、しかしながら、個別の条文は漢文体の願文案を忠実に書き下したような文章となっていることなどが指摘されている。

ここでは、本書の草案としての様相に注目すると、『大日本古文書　家わけ第四　石清水文書之六（菊大路家文書及拾遺）』に拾遺六二号「田中宗清願文案」として収められた釈文には、「宗清加筆」とされている部分が三箇所みえる。これは恐らく筆跡によって判別したものと思われるが、第一条などは加筆とされる部分が八行にもおよぶ。ただし、第八条の加筆とされている部分は、第十二紙全体に当たる二行分の記載であり、これは加筆というよりも、むしろ宗清自筆の草案があり、そこから切り取ってここに貼り継いだ、と考えた方が理解しやすい。いずれにせよ、本書に散見する空きは、宗清の加筆があることを想定して意図的に空けておいたスペースなのであろう。つまり本書は、最終的な決定稿としての草案より以前の、依頼主たる宗清と実際に筆を執る定家との間で緊密に遣り取りしながら文章を練っていく途中の段階のものと考えられる。こうした段階であるから、勿論、定家自身による加筆や修正も多くみられ、これも本書の大きな特徴の一つといえよう。

なお、重ね書きされた部分などで、写真では判読しづらいと思われる箇所をまとめておくと次の如くである。

第　五　紙第　三　行　　「次第」の二字、重ね書きなるも下の文字不詳。

第六紙第一行　「品」字、重ね書きにて下の文字は「所」か。
第七紙第四行　「料」字、重ね書きにて下の文字は「科」。
第七紙第十三行　「司」字、重ね書きなるも下の文字未詳。
第七紙第十三行　「ふへし」の三文字、重ね書きにて下の文字は「へて」。
第九紙第八行　「断」字、重ね書きなるも下の文字不詳。
第九紙第十行　末尾の「を」字、重ね書きなるも下の文字不詳。
第十一紙第三行　「の」字、重ね書きにて下の文字は「之」。
第十五紙第六行　「永代」の二字、重ね書きにて下の文字は「なかく」。
第十五紙第九行　「む」字、重ね書きにて下の文字は「ふ」。
第十五紙第二十三行　「うくとも」の「と」字、重ね書きにて下の文字は「る」。
第十五紙第二十四行　「したて」の三字、重ね書きにて下の文字は「いたし」。
第十八紙第十六行　「かへる」の「へ」字、重ね書きなるも下の文字不詳。
第十八紙第十八行　「せは」の二字、重ね書きにて下の文字は「して」。
第十八紙第二十行　「に」字、重ね書きにて下の文字は「を」。
第二十紙第二行　「造」字、重ね書きにて下の文字は「建」。
第二十一紙第二行　「は」字、重ね書きにて下の文字は「た」。
第二十一紙第十二行　傍書「その」の左、「其」字を塗抹。

これと関連して触れておきたいのは、この宗清願文案は、定家筆のものが本書以外にも存在していることである。昭和十七年（一九四二）三月五日に大阪美術倶楽部においておこなわれた某家所蔵品入札の目録に「七一　定家卿　立願事巻」とあるのは、掲載されている冒頭と末尾の部分写真をみる限り、やはり定家の筆跡で、内容は本書とほぼ同じであるようにみえる。しかし、紙継目などは明らかに本書と異なっている。この「立願事巻」が現存するのか否かは不明であり、全体を確認できないのが惜しまれる。また、山形県山形市の慈光明院所蔵で、同県の県指定有形文化財となっている『藤原定家筆　願文』は、山形県教育庁文化財・生涯学習課の「山形の宝検索ｎａｖｉ」や山形市観光協会の公式ウェッブサイトによれば、宗清の依頼により定家が貞応二年十月付で認めたもので、松花堂昭乗（一五八二or一五八四～一六三九）の旧蔵であるという。そして、もともと五十二行あったのが、前半の三十五行と後半の十七行とに切断され、前者は「大願文」、後者は「小願文」と称されており、県指定となっているのは「大願文」の方のみであるという。ただ、「大願文」と「小願文」とを合わせて五十二行では、本書の五分の一以下の分量しかないことになる上に、両サイトに掲載された部分写真をみると、本書とは全く異なる文章が見出され、本書との関連はひとまず不明としておかざるを得ない。

【参考文献】

高橋正彦「解題」（天理図書館善本叢書和書之部編集委員会編『天理図書館善本叢書　和書之部　六十八巻　古文書集』〈天理大学出版部、一九八六年〉所収）
西田長「権別当宗清法印立願文」（続群書類従完成会編『群書解題　第一巻中』〈続群書類従完成会、一九六二年〉所収）

新天理図書館善本叢書 第6巻　定家筆古記録

2015年8月24日　初版発行　　　定価（本体29,000円＋税）

編 集　天理大学附属　天 理 図 書 館
代表 諸 井 慶一郎
〒632-8577 奈良県天理市杣之内町1050

刊 行　（学）天理大学出版部
代表 東 井 光 則

製 作　株式会社　八木書店古書出版部
代表 八 木 乾 二
〒101-0052 東京都千代田区神田小川町3-8
電話 03-3291-2969（編集）-6300（FAX）

発 売　株式会社　八 木 書 店
〒101-0052 東京都千代田区神田小川町3-8
電話 03-3291-2961（営業）-6300（FAX）
http://www.books-yagi.co.jp/pub/
E-mail pub@books-yagi.co.jp

製版・印刷　天理時報社
製　　本　博 勝 堂

ISBN978-4-8406-9556-5　第1期第3回配本